「瞒过」上帝

圣经故事中的博弈论

[美] 史蒂文·J.布拉姆斯 —著　张一帆—译

格致出版社　　上海人民出版社

推荐序

记得我在 1996 年写了一篇文章,发表在《经济学消息报》上,题目叫《博弈论:中国经济学家亟需掌握的数学工具》。该文发表后产生了极大的反响。《经济学消息报》主编高小勇先生用钢笔工工整整地给我写了一封长长的信,说他又找到了两个优秀作者,一个是樊纲,一个就是我。年底,北京大学的张维迎教授出版了他那本名著《博弈论与信息经济学》,还在《经济学消息报》上面用我这篇文章做广告:"蒲勇健在《博弈论:中国经济学家亟需掌握的数学工具》一文中提到'目前还没有一部系统介绍经济博弈论的中文教科书……'现在立即就有了"(大意如此)。在1996 年的那篇文章中,我还写道:可以预期,博弈论将成为中国经济学界下一个热点领域(大意如此)。果然,在随后的年月,直到今天,博弈论不仅仅成为中国经济学的热点,而且还是国际经济学界的热点——诺贝尔经济学奖连着多次授予博弈论成果。

可以说,这些年来,博弈论热经久不衰。不仅仅在经济学领域,而且在政治军事、生物学、法学、社会学等其他社会科学领域,都得到了广泛的应用和关注。甚至在一般的商业管理、企业管理、人生哲学等领域的通俗出版物中,几乎到了泛滥的程度。

但是,博弈论在有一个领域的应用却几乎是空白——人文。据我所知,在文学、艺术等人文领域,除了我曾经撰文将信号博弈应用于审美之外,还没有看到其他人文领域的博弈论应用。

当我拿到这本书的翻译稿的时候,这种判断就立即不成立了。《"瞒过"上帝:圣经故事中的博弈论》——单凭这书名,就会明白这是博弈论在人文领域的一个非常特别的应用。博弈论,经典理解是研究理性人之间的互动策略;而圣经,说的是神与人之间的互动故事。这两者之间有什么关系呢? 显然,单凭这种人神之间的对比,加上博弈论本身具有的神秘感,就让人脑洞大开了。

在圣经故事中,存在诸多上帝与其创造的人(亚当、夏娃,以及他俩的子子孙孙)之间的矛盾冲突和互动。这种互动能否用博弈论来描述,是一个问题。首先,上帝是否也可以被作为理性人或者博弈的参与人对待,不仅仅是一个宗教问题,还是一个哲学问题。在基督教层面上,宗教问题似乎早已经解决了。在基督教历史上,曾经有一个问题是:既然上帝是全能的,那么,为什么人类还有干坏事的自由意志? 如果人是上帝创造的,上帝是全能的,人类的所有行为甚至思维都是被上帝所操控的,人类只不过是上帝制造的木偶,那么,人类就对于所犯的罪行没有任何责任,因为一切都可以归于上帝的指派,责任在于上帝,而不在人类自身。也就是说,如果人是上帝所创造的,人就没有自由意志,对于所有的行为都可以不负责任。这样的责难,也是基督教历史上所面对的最为尖锐的挑战,对此,奥古斯丁的解决方案是:上帝的全能正体现在这种给予人类自由意志的选择上面。如果上帝只能够创造木偶一样的人类,没有自由意志的人类行为完全由上帝所操纵,上帝就不是全能的。也就是说,上帝为了某种目的,甚至可能上帝是为了好玩,就创造出了具有自由意志的亚当和夏娃。

一旦上帝创造出了具有自由意志的人类，人类与上帝之间就存在博弈互动了。因为，具有自由意志的人类可以按照自己的意愿选择行动，而这种被人类选择的行动可以不是上帝所意愿的。上帝为了引导人类按照上帝自己的意愿选择行动，就可能选择适当的策略去诱导、奖惩人类，而人类的自由意志使得人类也会选择自己的策略去应对上帝的奖惩策略——这样，上帝与人类之间存在博弈的说法就顺理成章了——这基本上就是本书的立论基础。

从上帝给予人类自由意志之奥古斯丁神学理论那里，可以为上帝与人类之间存在博弈找到逻辑基础。上帝创造宇宙、创造人类是具有目的性的——为了不孤单，为了得到人类的爱，为了好玩——各种各样的神学理论，莫衷一是。但是，对于本书来说，只需要借用这些假设，并不需要作出新的假设，这是本书的立场。这不仅仅避免了神学上的麻烦，还主要是基于本书研究的侧重点在于博弈论本身，而不是神学。本书要研究的主要问题是：给定圣经中所描述的故事（这些故事通常说的是上帝与其创造的人之间的矛盾冲突），以及故事表明的冲突结果，借用博弈论模型，反推出上帝的偏好。当然，作为一种类似于对"形而上"的偏好，作者（包括读者）根据这种上帝的偏好去理解上帝的目的，也就是说去理解上帝本身！当然，本书作者并没有说出这样的意图，但是作为读者之一的我，可以意会到这一点。

上帝是善的，上帝造人是为了上帝自己不孤独，或者是为了显示上帝的伟大，这些都是神学家们对于上帝造人的目的性解释。上帝制造出具有自由意志的人类，是为了显示上帝的全能——这种来自奥古斯丁的神来之笔，为本书的价值埋下伏笔。为什么这样说呢？如果本书仅仅是谈谈如何将圣经故事做成博弈论模型，那么就基本谈不上有什么价值。我认为，本书具有非常重要的，甚至是先驱性的研究价值，是基于目前蓬勃发展的人工智能。未来的人工智能，人类将制造出非常高智能化的，具有深度学习功能的机器人。这种高智能化的机器人，甚至有可能具有自由意志，或者说某种程度的自由意志。它们会思考，会学习，会有自己的想法。对于它们来说，制造出它们的人类，就是上帝！

这种将上帝作为与具有七情六欲的芸芸众生一样的博弈理性人的写作，乍看起来十分荒谬，但是，对于蓬勃发展的人工智能来说，却是一种非常重要的前沿研究。

在人工智能高速发展的今天，我们需要研究未来出现具有自由意志的机器人后，人类应该如何与它们打交道，如何进行博弈——这就是本书研究的先驱性所在。

人类与机器人之间，的确存在博弈的关系，特别是未来人工智能异常高级的时代，那是必然的。但是，在具体的博弈关系中，委托代理关系是非常重要的。人类与机器人之间，就是委托代理的关系。在圣经中，上帝耶和华与摩西之间的合同——"十诫"，基本上就是一种委托代理合同。耶和华委托人类要做的事情就是严格遵从"十诫"，奖励是拯救人类。人类委托机器人的是什么，当然是人类可以设计的目标，包括阿西莫夫在其名著《我，机器人》中给出的三个戒律。即，第一，机器人不得伤害人类，或看到人类受到伤害而袖手旁观；第二，在不违反第一定律的前提下，机器人必须绝对服从人类给与的任何命令；第三，在不违反第一定律和第二定律的前提下，机器人必须尽力保护自己。在本书中，作者对这样的问题还基本上没有进行系统的研究，希望作者在未来的进一步研究能够弥补这一空白。

对于未来的机器人来说，我们人类就是制造他们的上帝。我们显然是七情六欲的芸芸众生，我们也会设计高级机器人，让他们具有一定的自由意志——随着人工智能的技术发展，不管你是否愿意，这种情况很可能出现。那时，研究机器人的上帝——人类机器人工程师——与机器人之间的博弈，就成为人工智能非常重要的问题。所以，本书其实是非常具有前瞻性的研究。可以预料，到那时候，本书将被人工智能领域的专家视为经典。

因此,我们现在发现,在适当的时间,我们找到了一部实际上可以用于研究人类与具有自由意志的机器人之间进行博弈的先驱性作品。可以预期,随着人工智能的发展,受此书的影响,将会出现越来越多的类似作品跟进。

是为序。

蒲勇健

2017 年 11 月 27 日于重庆大学虎溪校区

译者序

　　严格说来,《"瞒过"上帝:圣经故事中的博弈论》是一本"趣味"经济学的书。说"趣味"是因为作者讨论的博弈论并没有涉及很深的博弈理论的内容,一般的读者都可以看懂。说它是经济学的书是因为它涉及了博弈和策略的选择。也许是为了把博弈论这个深奥的理论能够深入浅出地向读者介绍,作者希望挑选一些读者耳熟能详的故事。通常的博弈论里涉及的故事,大家已经讨论得太多,所以显得太无趣了,比如因徒困境,再比如智猪博弈。这些故事对于一个不怎么精通又很想了解博弈的读者来说已经失去了魅力,也很容易就滑向艰深的理论分析甚至是数学分析,使得关于博弈的讨论变得索然无味。

　　那么选择什么样的故事才是大家耳熟能详,但又不完全了解得透彻的呢? 如果是一本世界文学名著则未必有人看过,或者有兴趣,如果是一个简单的故事那也不足以涵盖理论介绍的方方面面,最好是一本在世界范围内读者都比较多的著作,不管是哪个国家说哪种语言的读者都有所耳闻、具有世界影响力但又通俗易懂的故事集。显然《格林童话》很难胜任,因为大部分读者可能只是孩子;《红楼梦》也很难胜任,因为大部分读者,我估计,都是中国人,虽然在国外也有很大的影响;难道是《一千零一夜》，还是《罗马帝国兴衰史》呢？最终，作者很"聪明"地选择了圣经，而且还是圣经的《旧约》。我们且不说圣经在世界范围影响广泛，光就里面的故事而言，比如亚当和夏娃的故事，恐怕有一点儿教育经历的读者，至少是听说过其中的故事的，但是有很深入的了解吗？客观地讲，中国读者看待圣经，不是作为一本神圣的宗教著作，而更像是一个个有趣的故事。这些故事带着"洋"味儿，明显不同于中国的民间故事。所以就中国读者来说，应该是对里面的故事充满了好奇，对作者分析里面的故事的方式充满了好奇。

我在翻译的时候也是带着强烈的好奇心。我本来是学文学的，对圣经《旧约》的故事有"听说"，可是也从来没有仔细地读一读，更没有想着能从博弈论和策略选择的角度来观察里面的人物和故事。显然这样的阅读非常有趣、非常新奇，又会带来一点点收获的。我们说书一共分为三种，一种是躺着读的，不用怎么费脑筋，一种是翻着读的，读个大概就行，还有一种是需要认真阅读，认真理解的。我的感受是，《"瞒过"上帝：圣经故事中的博弈论》的阅读方式，读者可以选择以上的任意一种。如果读者不费脑筋地阅读，也会觉得有趣。如果读者认真阅读，我相信也会大有收获。博弈和策略是一种启发，就像作者说的，是一种分析问题解决问题的方法，从这个角度来讲，这本书是唯物的、科学的。为了说明这种方法，阐明它的应用和基本原理，作者用圣经作为例子来分析，同时又要考虑到例子的通俗易懂和为世人所知，让读者产生阅读的兴趣，来逃离博弈论的大量的运算和数学推导。所以作者用《旧约》作为分析的对象，本身就是一种"策略"，也是一种高超的"策略"，从这个角度来看，作者还真的是精通博弈的高手。

毕竟是纽约大学的教授，小小一本书不过两百多页，却也是暗藏险峰，当然我说的，纯粹是作者的语言表述，而不是作者的"政治"思想（稍后讨论）。这是一本通俗的读物，但是语言非常"精妙"，我用"精妙"一词，不仅是说作者在整本书中涉及了很多的英文难词,遣词造句层次分明但也是九曲十八弯。要说前者,我在阅读某一章时也必须大量翻阅词典找出单词的释义,随后翻译成中文还得费一番思量,可见其"精";要说后者,全书在指代自己的时候,始终是"本书"一词,而不少句子确实层峦叠嶂、百转千回,却也抓不出它的小辫子。比如双重否定的连用,在全书中数不胜数,绝对是此书的一大特色,读通后也觉得没啥逻辑错误,合情合理,虽然可以说得更明白一些。全书以"书"自谦,到最后的第10章作者才露出"狐狸尾巴",用了两个"本论文",不禁让我由衷感慨,自己翻译的是一篇教授写的文学经济学论文,可见其语言之"妙"。

再说作者的"政治"思想,那就更玄了。首先圣经两个字就让人感觉宗教气息扑面而来,但作者描述的"故事里"的上帝,始终是"恶意的、小气的、反复无常的、脾气很坏的",作者说上帝的"存在",大约是"也许、大概、如果有的话、声光雷电不见人影、对现代人不太具有说服力最好上帝能出来显现一下"这类的"口吻",完事了作者再加上一句,"我可没有说上帝不存在啊",个中意味,读者自己体会。所以作者也说,上帝是绕不开的,因为圣经故事里有他啊,他是故事中的人物,还是一个重要人物。但是上帝又是可以绕开的,因为你可以把他当成一个博弈者。带着科学地了解博弈、研究博弈、学习博弈的心态,我想,聪明的读者是不会把这本书当成宗教著作的,宗教界如果知道还有这么一本"宗教著作",也肯定会笑得满地找牙。这本书是一本很不正经的,又是正儿八经的、严肃的"趣味经济学读物"。

这是我的一点儿阅读和翻译的感想。关于博弈论,本书虽然已经非常浅显,作者还是作了由易到难的安排。作者自己也说,读了第2章以后,阅读其他章节都不会很吃力。一直到最后的第10章,作者才使用了"帕累托最优"和"纳什均衡"的术语,可见此书的理论"水平",也可见作者对读者的"爱护"。但我又不得不提醒读者,如果你死死抠住这本书里的每一个词每一句话,你也挑不出什么毛病来。一个简单的假设，作者的论证可以说是"密不透风"，所有的你可以反驳的地方全部给你堵得死死，边边角角也不给你放过，末了作者再加上一句，你不同意的话，可以自行证明。

总之一句，作者用很高的理论水平写了一本趣味的通俗读物。希望读者从此能喜欢上博弈论。

上海世纪出版集团格致出版社的王萌编辑，对本译稿的出版给予了大力支持。随后，格致出版社的贺俊逸编辑，为本译稿做了很多的具体工作，还不厌其烦地与我保持沟通。同时几位审稿编辑一字一句地把本书的人名、地名和圣经的引文一一改正(引文采用圣经和合本的中文)，等于是替我分担了大量细致的工作，本人深受感动，在此对以上几位出版社编辑以及为本书出版付出艰辛劳动的默默付出的每一个工作者，都表示由衷的感谢。如果译文有什么错误疏漏的话，则完全由我个人承担。出于读者阅读本书的方便，本人将英文原书的注释部分也一并翻译，注释当中的人名、书名等保留英文原文，其余内容则尽量译成了中文。

张一帆

于上海

再版前言

　　《"瞒过"上帝：圣经故事中的博弈论》第一版写就于二十多年前。此后我又研读了许多关于希伯来圣经（Hebrew Bible）的研究，这些研究主要从政治—策略（political-strategic）角度对圣经故事进行解释。不过我却没有看到有关于圣经故事的博弈理论的（game-theoretic）解释，虽然很多新的学术研究探究了圣经人物的动机（motives），分析了他们行为的理性，讨论了他们行动的道德性——但是却都没有清晰地应用博弈理论。

　　鉴于这个新兴的学术方向，同时博弈理论自身也不断迎来新的发展，我们似乎应该适当地考虑，是否该出一个新版本。我认为有必要，一部分原因是，很多新的研究仍然肯定了我在《"瞒过"上帝：圣经故事中的博弈论》第一版中所下的结论，使得这本书始终适用；另一部分原因是，又出现了值得我们去分析的新问题。因此，此次的修订版除了包含1980年的原版之外，我还特地加上了最后一章，名为"在圣经博弈之外"。

　　在这个新的章节里，我将引用那些我认为对重新思考圣经故事最有帮助的著作。然而，这个章节里我分析的两个博弈并不只是简单地去解释圣经人物的策略选择。在"父爱博弈"中，我会问，当上帝命令献祭以撒（Issac）的时候，亚伯拉罕

(Abraham)是否可以拒绝上帝而且还能逃脱上帝因被对抗而产生的愤怒。在"显现博弈"中，我并没有为某个特定的圣经故事建立模型，而是从几个故事的核心主题中抽象出来，来探讨信仰上帝（或某个其他的"神"）的合理性，以及神是否应该显现自身的问题。

在这两个博弈中我引入了新的博弈理论的概念，主要基于我在20世纪80年代和90年代的研究。在《神：若他们存在，我们怎么知道？》(*Superior Beings：If They Exist，How Would We Know？* 1983)一书中，我分析了宗教的哲学，以及部分由《"瞒过"上帝：圣经故事中的博弈论》引发的神学问题。我从理论上定义博弈时，就给上帝/神赋予了一些超自然的特性，如他们无所不知、无所不能、拥有无限生命、无法为凡人理解，等等，并探讨神和普通人进行博弈的结果。

在《移动理论》(*Theory of Moves*，1994)一书中，我将正式的分析加以拓展，逐条应用于凡人的①策略问题。我重点说明了，在一个动态的框架中，各种力量将如何被应用，来使得各博弈方能够提前思考并采取一系列的行动和反向行动。

在"父爱博弈"和"显现博弈"中，移动理论清楚地解释了，在什么条件下博弈者会偏离非合作博弈的标准解决方案——纳什均衡(Nash equilibrium)。但是我在新的一章里主要的目的并不是来解释这个新的理论，我只是仅仅说明了一部分。这一章节是用来说明希伯来圣经既有历史相关性，又具有现实意义——前者体现在对亚伯拉罕故事的反事实分析中，后者体现在圣经是如何教导我们去信仰一个神灵的。

在此我非常感谢麻省理工学院出版社高级编辑约翰·S.科维尔(John S.Covell)对我重新修订出版本书的热情鼓励和支持。本书的副标题也从"《旧约》故事的策略分析"改为"博弈理论和希伯来圣经"。

---

① 非神和人之间的。——译者注

初版前言

写这本书的灵感,起源于1978年春在纽约大学的"圣经中的博弈"本科生人文研讨班的教学工作。纽约大学的人文研讨班得到了来自梅隆(Mellon)基金会的支持,对此我非常感谢。同时我也非常感谢研讨班中的学生们所提供的敏锐思想和有力点评。

我认为我的方法,对圣经《旧约》的研究和理解,可能是有争议的,但是我不想故意挑起些什么事端。我研究圣经,带着我认为合理开明的思考,我相信我提供的解释和得出的结论是很好地建立在圣经文字的基础之上的。

当然也不会有人完全不假思考地阅读什么东西。以我为例,这本书的副标题"策略分析"(strategic analysis)就来自博弈理论和决策理论,关于这个我将在第1章有更多论述。

在作了这样一个分析之后,我比以往更相信,一个现代的科学理论能够被应用到经典的人文著作上。这个理论不仅可以给著作带来广度和深度,这是其他一些不那么系统和严谨的方法都无法做到的;同时,它也能够被其他的研究者应用,这使得各种可替代的解释的合理性和一致性能得到检验,并促成它们之间的比较。

我并不是要让科学成为上帝，或是要过度强调我的方法，相反，我想让读者自己去判断策略理论应用在圣经《旧约》上所产生的成果。出于方便，我在这本书里除了特别需要指代女性的情况之外，我都使用了男性化的代词，但这不应该被解读为轻视女性——显然，她们出现在了很多的圣经博弈中。

有几位人士阅读了我的部分或全部的手稿，并且在许多事情上给了我很大启发，我非常感谢他们的评价和批评。他们是詹姆斯·P.卡斯（James P. Carse）、布劳克·A.莱特瓦因（Brauch A.Letvine）、道格拉斯·穆齐奥（Douglas Muzzio）、威廉·H.赖克（William H.Riker）、菲利普·D.小斯特拉芬（Philip D.Staffin Jr.）和拉比·德夫·泰勒（Rabbi Dov Taylor）。如果本书还存在什么缺点，他们应该免于被责备。我也非常感谢南希·费尔南德斯（Nancy Fernandez），她帮助我准确地输入了手稿并且提出了许多有用的建议。

最后，我要感谢我的妻子伊娃（Eva），她给予了我写成此书的强大信念，同时对手稿提出了深刻而又详尽的点评。我虽不能说我的孩子朱莉（Julie）和迈克尔（Michael）对我的工作有巨大的贡献，但是他们的理性也不容我小看。

那些平静的过去年代里的信条，已经不适用于暴风骤雨式的现代社会了。

——亚伯拉罕·林肯

上帝想使某些人盲目，并启蒙另一些人；除非从这个立场出发，否则人无法理解上帝。

——布莱士·帕斯卡尔

《思想录》(*Pensées*)

把上帝描述成一个"个人"，对于每个像我这样的人来说是必不可少的，我们说的"上帝"他不是一个主义……也不是一个理念……其实，我们说的"上帝"，就像我也这么说，不管他是谁，他就是和我们有直接的关系……

——马丁·布伯

《我和你》(*I and Thou*)，后记

数学不过是一种符号体系。但它是人类发明的唯一的符号体系，它坚决抵抗了我们的头脑不断要改变和污染各种想法的企图。它是唯一确切的符号体系，因为确切，它可以自我修正。

——J.布罗诺斯基和布鲁斯·马兹利什

《西方智慧的传统》(*The Western Intellectual Tradition*)

目录

第 1 章　导言

对于成千上百万的人来说，圣经是一部神圣的书。它表达了我们信仰中超自然的元素，且不允许我们有任何自然的解释。然而与此同时，在对一些事件重构时，圣经中的某些著名的叙述似乎不是不合理的。事实上，圣经人物在针对另一方采取行动时，会不时地暴露普通人的缺点。

那么在圣经中，将自然和超自然的因素协调起来可能吗？就上帝来说，要在某些说不清道不明的显现形式下，让他的存在在几乎所有的圣经故事里都被感知，似乎不是一件容易的事。而上帝统领一切、唯他独尊，是圣经的自然主义解释直接遭遇的问题。

在任何对圣经的分析和解释当中，上帝必须被给予一个应有的位置，他是圣经的中心人物。相应地，我也准备这么处理这个人物，但是在我的处理中，上帝不仅是无处不在，我也假设上帝做事情是有动机的——他要去完成他的目标。

我并没有假设上帝是无所不能的。上帝当然能够实现奇迹，甚至能赋予别人以巨大力量。但是圣经在有一点上是很清楚的，即人类确实拥有自由意志，并能运用它，即使它引起了上帝的愤怒（为什么上帝没有把人做成木偶，在本书的第 2 章另有叙述）。结果是，尽管上帝非常强大，他有时候也会受到自己的愿望的牵制。

既然上帝也不能总是为所欲为，他就可以被看作是一个参与者，或者被看作是博弈过程当中的一个博弈者。这是因为"博弈"，这个词在博弈理论里也是这么用的，是一种相互依赖的决策情形，它的结果取决于所有博弈者的选择。

当上帝无法控制事件的结果时，他也会有挫折感，因为他的愿望受到了其他的博弈者的选择的影响。圣经告诉我们，上帝可能会生气、妒忌、报复——他的行动反映了他的情感。在这个层面，上帝非常像"人"，尽管他的存在独一无二，他的能力令人敬畏。当然，这也不是大多数的宗教看待上帝的方式。的确，圣经不断地把上帝描述成"令人敬畏"且"无法为常人所理解"，他"完全超出了我们的理解能力"，这都很清楚地暗示说上帝不会去策划和密谋，也不至于委屈到"参与博弈"的程度。

然而上帝的许多行动，传达给人们的并不是这样的印象。事实上，因为上帝经常为他自己的某一个独有的举动提供了明显的理由，所以说他的动机和设计深不可测这种说法，也很难站得住脚。

而且，想象一下如果上帝是一个博弈者，他在不同的行动过程中作出选择，来实现某个特定的目的，这不明智吗？同样地，在圣经中有更多的普通人物，他们知道上帝的存在，他们预见的某些结果可能会发生，照此作出选择来进一步达到目的，这不合理吗？

上帝和一群人进行博弈，这个想法——如果不算是荒谬的话——至少有点奇怪。然而尽管如此，我仍想通过各种各样的圣经故事来努力说明，不仅是这种解释合情合理，而且，这些博弈中的博弈者——包括上帝——还是理性行动的。也就是说，假定他们有偏好，他们也知道其他人的偏好，他们作出策略性的选择，只会导致更好的而不是更糟的结果。关于理性的一个更精确的定义，我们将在稍后给出。

1944 年《博弈理论和经济行为》[①]（*Theory of Games and Economic Behavior*）

一书出版以后,关于博弈的数学理论就诞生了。随后关于博弈理论和它的应用,也有了大量的著作和文章。然而博弈理论很少被应用到人文材料上;它的主要应用是在社会科学方面,主要是经济学和政治学。据我所知,还没有一部著作能严肃地使用博弈理论来处理人文或是文学作品。[②]

当然事实上,"博弈"和"进行博弈"的语言已经被零星地引用到了圣经的研究当中。但是这种研究方式背后的觉悟也仅仅是意识到需要寻求某一理论而已。因为要让一本像圣经一样复杂深奥的著作能自圆其说,依靠良好的想法和观察是必要的,但也是远远不够的,其中的理由我将在这一章稍后说明。

我希望从一开始就强调,我并不是说圣经《旧约》中的所有故事都能够被套用到博弈理论的框架中(对于《新约》我也想作一个类似的声明,但那是一个完全不同的体系,如果有什么比较我将留给以后的研究[③])。而最使这种方法经得起检验的,是圣经故事包含有重要冲突和计谋,因此我们能合理地假设,人物能考虑到他们可能采取的行为的后果,从而作出选择。很多的故事也的确是圣经的所谓智慧文学的一部分,恰恰也是因为它们带有说教的意味,来宣扬那些在面对棘手和痛苦情形时所表现出的(受上帝鼓舞的)智慧和英明的优秀品质。

和人们对博弈的普遍认识不同,博弈理论中的选择都不能被认为是荒唐可笑的。恰恰相反,我们应该认为,博弈者能够对自己的和其他博弈者的可能的选择认真思考。一个博弈的结果是喜剧的还是悲剧的,是有趣的还是严肃的,是公平的还是不公平的,都取决于个人的选择。

我强调"选择",因为我希望使用博弈理论来解释,在具体情况下博弈者基于自己的偏好所作出的决定和所采取的行动。因此,偏好就被用来解释选择;如果偏好不是非常明显的话,我就会考虑寻找其他可以替代的偏好排序,并确认在理性选择之后博弈者会遭遇的后果。很明显,这种做法也会给圣经中的"选择"带来其他的重要的可替代的解释。

　　但是我们是否还需要给圣经来一番新的注释呢,特别是我们还大费周折地套用了一个不那么容易理解的数学理论？产生这样的疑问,是因为我们将要把一个晦涩难懂的理论从一个领域挪用到另一个领域上去。如果说这不合适,我欣然同意。深刻的洞察当然比枯燥而缺乏想象地应用一个呆板的理论更好。对圣经的研究和对其他任何东西一样,闪亮的思想、对主题的熟稔和良好的直觉是无可替代的。然而这些品质虽然令人钦佩,当研究对象相当复杂的时候,他们也许就不够了。如果说对圣经的研究论述不过是对它的复杂性作一个索引的话,那圣经可真的是相当复杂的。

　　在我看来,博弈理论是一个理想工具,可以用来分析圣经中经常出现的复杂的决策情形。④因为应用它时需要认真地梳理复杂的人物动机及其影响,研究这些情况就需要有一个专门的研究方法,而这样的方法在圣经的传统的文学—历史—神学分析中都没有。在我看来,那些分析都存在这样的问题:主观武断地寻找联系,寻找平行线索时,通常还牵强附会地——甚至莫名其妙地——通过跳跃的想象把事情联系在一起。观点被随意地罗列在一起,和任何对世界的逻辑的观察都扯不上干系。虽然这也可以被称作为一个框架或理论,却无法做到简洁有效、有力明智地厘清圣经的结构。理解需要有条理的组织,而有条理的组织只能由理论来提供。

　　我在这本书里使用的博弈理论的部分,用一个词来描述的话,可能就是"有条有理"。我依靠的几乎全部是所谓的"非合作"理论,并利用了"扩展的"(博弈树)和"普通的"(矩阵图)博弈分析方法。同时,我假设的只是偏好的排序(博弈者可能对结果排序,但是不会将数值应用上去),也不使用概率计算(probabilistic calculations),除一种情况例外——我用"机会"来表明一个博弈者拥有未指定的概率。

　　我回避了合作博弈理论(cooperative game theory)、基数效用(cardinal utilities)

和期望值计算(expected-value calculations)这些概念,因为我认为圣经没有提供足够的信息来支持它们的应用。就像埃里克・奥尔巴克(Erich Auerbach)认为的,圣经在涉及人物的思考和情感的时候没有提供很多细节;故事的展开通常没有表明动机和目的。然而,"表面"虽然缺乏信息,但"背后"却是深刻且层次丰富,人物的现况和他们"充满铺垫的"过去遥相呼应,从而使得我们可以对他们作出可能的推测。⑤虽然奥尔巴克认为——在我看来也无法证实——对圣经的合理解释"从精神分析角度来讲是荒谬的"⑥,但是他也说了,圣经人物的日常生活"充满了冲突"⑦,而我认为这些恰恰是能让博弈理论独到运用的原始数据。

如果博弈理论中更难理解且在数学上更深奥的部分不能很好地解释这种冲突,那么提出这个问题就显得很公平——即基础的、非量化的理论是否有能力和深度来给一个旧主题赋予新的具有洞察力的思考。我认为有,不仅如此,如我之前提到的,提供一个统一的理论观点,比查找内在的微妙的联系更加重要。为了补充这个严肃的观点,我常常借助于言语来解释一个策略情形,用了博弈理论的思想但不用理论的正式工具,因为理论的机械的应用似乎看起来很傻很牵强。博弈理论不是从机械里跑出来的神 *,再说我们的文本中早已有了一个上帝!

分析圣经故事时,我首先将相关的故事进行总结,然后再建立模型,以此来构建策略情形的简单表达——无非抓住主要特点。当新的技术上的概念首次出现在这本书里的时候,我会给它们定义,并且用故事被建模时的具体语境来加以解释。我相信这样会使得这些概念更加真实,从而使对概念陌生的读者对于概念的意义和重要性都有一个更直观的理解。

---

* Deus ex machina 意思是机关跑出的神。在古希腊戏剧中,当剧情陷入胶着,难以解决时,利用起重机或升降机,将扮演神的演员载送至舞台上,制造出令人意外的剧情大逆转。——译者注

除第 2 章讨论的亚当与夏娃的故事以外，其他的章节都围绕特定的主题展开。在每个章节，我把从圣经《旧约》的章节里选出的故事按时间顺序由前到后进行安排。挑选故事也是具有高度选择性的，通常都集中在较靠前的几章中的著名故事。这种折衷的选择，一部分是因为很多最有趣最重要的冲突发生在《旧约》的前半部分，一部分也是因为，我认为，如果很多故事都为大家所熟知的话，我就能最好地说明应该如何应用博弈理论来分析，因此也能和传统的解释方法展开比较。

在这本书里我广泛地引用了圣经，让读者尽享它直接的、生动的、戏剧性的语言。所有的文章都来自美国犹太出版集团的最新翻译版，我认为这也是最准确的《旧约》的现代英语译本。[8] *

下面我来给对于博弈理论不怎么了解的读者提供一些阅读本书的建议。大部分基本概念都在第 2 章里有定义和说明。我强烈建议通过该章的举例来仔细研究这些概念。我相信，一旦能理解了这些，本书的其余部分也能轻松读完。不过，我知道收益矩阵和博弈树可能不是一眼就能看懂的，所以我尝试使用图像，使他们的秘密能通过描述性的方法来展现给读者。严格说来，圣经自身也不是轻松的读物，要说对圣经的一些复杂思想的分析不过是一个简单模板，这种想法是不合理的。我们抱着一个严肃的目的去理解一个深奥的文本，不过，当然本书的另一个观点是，我们在分析研究圣经的时候也不必过于虔诚。

对圣经中的博弈的分析和对博弈者的选择，我提出的合理解释，在某些情况下是会存在争议的。如果读者不能同意我的假设，比如博弈者是谁，他们具有什么样的策略选择，他们预见了什么样的可能的结果，他们对这些结果的偏好，等等，那么我鼓励读者能用不同的假设去进行实验。在我看来，如果仅仅是因为在我提出的

---

* 本书圣经译文采用和合本。——译者注

情形中存在其他可替代的——如果不是绝对的——策略性的表达，博弈理论的框架也不至于被抛弃。

同样有争议的，如果不是令人吃惊的话，是我从分析中得到的哲学、宗教和神学的含义。我没有回避这些，因为我认为这个分析的极端重要的意义在于，对上帝和他所创造的人类世界之间的关系提供了一些其他的思考（这些问题都将在最后一章进行讨论，也许有的读者想直接跳过去看看策略分析在深入之前会走向何方）。因为上帝在安排事件时的地位也帮助确立了男人和女人的地位，所以我相信，我所分析的博弈对人的经验及其精神联系也会有所启发。

这种联系是由上帝和人类人物之间进行的博弈来定义的。然而，只有详细彻底地研究博弈者们选择的某些策略以及他们得到的结果，才能给我们提供一个参照，来比较我们自己的选择和生活经验，来理解它们的重要性。这也是再次回顾圣经带来的好处之一。

【注 释】

① John von Neumann and Oskar Morgenstern, *Theory of Games and Economic Behavior* (Princeton, N.J.: Princeton University Press, 1944).

② 事实上，我所知的唯一严肃地使用博弈（和元博弈）理论来进行文学分析的人是奈杰尔·霍华德（Nigel Howard），他分析了哈罗德·品特（Harold Pinter）的戏剧 The caretaker。参见 Nigel Howard, *Paradoxes of Rationality*: *Theory of Metagames and Political Behavior* (Cambridge, Mass.: MIT Press, 1971), pp.140—146。

③ 《新约》中也存在不少策略计算，此观点由杰伊·黑利（Jay Haley）提出。参见 *The Power Tactics of Jesus Christ and Other Essays* (New York: Avon Books, 1971), pp. 29—68。虽然黑利没有使用正式的博弈理论，但是他对耶稣的事业的分析指出，有些关键的决定是出于理性。同样的思路，参见 Hugh J. Schonfield, *The Passover Plot*: *New Light on the History of Jesus* (New York: Bantam Books, 1967)；更多可参见 Michael Grant, *Jesus*: *An Historian's*

View of the Gospels (New York：Charles Scribner's sons，1977)。

④ 在一个完全不同的语境中，工具将会是概率论和统计，虽然这些工具帮助回答的是完全不同的问题。按照这个数学分支来有效地考察《旧约》和拉比评注的，参见 Nachum L. Rabinovitch，*Probability and Statistical Inference in Ancient and Medieval Jewish Literature*（Toronto：University of Toronto Press，1973)。

⑤ Erich Auerbach，*Mimesis：The Representation of Reality in Western Literature*，tr. Willard R. Trask（Princeton，N.J.：Princeton University Press，1953)，chap.1.

⑥ Ibid.，p.14.

⑦ Ibid.，p.22.

⑧ *The Torah：The Five Books of Moses*（2d ed.，1967）；*The Five Megilloth and Jonah*（2d rev. ed.，1974）；*The Prophets*（1978)。关于"摩西五经英译委员会分析和推理的系统的描述"，见 Harry M. Orlinsky (ed.)，*Notes on the New Translation of the Torah*（*Philadelphia：Jewish Publication Society of America*，1969)。我很感谢美国犹太出版集团，允许我引用他们的英译作品；引用的内容受到该社团版权的保护，并经过他们的允许。关于英译的最好版本这个问题，和对于这本书的重要性，我和埃德蒙·利奇(Edmund Leach)的情感相呼应："每个词，事实上希伯来文字的每个字母，都有学术争议的空间，我不能假装他们是百分百准确的，但我认为这点缺陷并不重要。只有一次两次，我的观点和语言上的细节挂钩。大部分情况下，我关心的是故事，而不是文字。"［Genesis as Myth and Other Essays（London：Jonathan Cape，1969)，p.32］

第 2 章　创世记以及余波

2.1　引言

亚当和夏娃的故事人人都知道。他们被蛇诱惑，随后被逐出伊甸园，故事看起来很简单，几乎很难延伸出去进行博弈理论的分析。那为什么要用整整一个章节，来研究创世记以及之后发生的博弈呢？

我会从三个方面来回答这个问题。首先，创世记时所发生的事，以及随后紧接着发生的事，为圣经的后续的故事发展奠定了基础，所以从一开始就对主要博弈者们的——包括上帝的——动机和行为进行分析，似乎是非常合理的。此外，正是创世记部分，而不是《旧约》的其余部分，挑战了本书存在的理由：关于创世记和历史的开始，自然主义的——不说是理性主义的——解释是很有争议的。因此，如果从一开始博弈者们的行动就能得到满意合理的解释，那么连贯一致地分析其他的故事就有了更好的基础。另一方面，如果开始发生的一切就被糟糕地忽略的话，那这种忽略至少是令人尴尬的；甚至最糟糕的是，可能使得别人对我们的全部内容的有效性产生怀疑。

　　第二,我对创世记的这个分析提供了一个视角,以此来观察随后的圣经博弈中的博弈者的行为和动机。这个角度很重要,因为有些博弈者,尤其是上帝,当外部环境没有变化的时候,他们认为的必要的行动似乎会变化。这种明显的前后不一致,是否说明他们的行为缺乏理性,或者说在新的目标和偏好下算是理性的了? 总的来说,我接受后面一个观点,就这一观点在具体的例子中如何得到支持,我将会加以说明。

　　第三个理由,从创世记进行分析,是为了显示创世记以及这之后发生的事情是一个复杂的决策情形,比我们有时认为的更复杂。一批批不同的人物作出了几个相互联系的决策。然而当我们把这些决策描述成是一组博弈中的有先后次序的策略选择时,我相信这种复杂性就可以迎刃而解了。

　　针对创世记和亚当夏娃的故事,已有的研究成果可以说是浩如烟海。但是几乎没有一项研究,哪怕是大范围的考古文献也没有,牵涉历史之初这些圣经人物所面临的策略选择问题。在这个章节,我想要展示亚当和夏娃的、蛇的以及上帝的策略选择,被一根逻辑的链条联系在了一起,而这根链条就是由博弈理论帮助构建的。

2.2　世界的创造

　　《创世记》的第 1 章描述了世界是如何在六天里被创造的。世界的开始是"空虚混沌"(《创世记》1:2)的,

　　　　神说:"要有光",就有了光。神看光是好的,就把光暗分开了。(《创

世记》1:3—4）

上帝为什么要创造天和地的理由没有给出；但是很明显的，最初的结果（光）让他高兴：他"看光是好的"。

在《创世记》之后的几个场景中，上帝在观察到他努力的成果后，重复说"是好的"（《创世记》1:10，12，18，21，25）；事实上，在第六天创造了男人女人和其他生物以后，上帝"看着一切所造的都甚好"（《创世记》1:31）。上帝显然对自己非常满意，并且在第七天停止了工作，他给这一天赐福，并圣化为特别的日子。①

上帝不仅是在第七天停止了工作，圣经还说他"歇了他一切的工，安息了"（《创世记》2:3）。因此上帝看起来是设置了一系列任务的，评估了他完成的每一项任务以后，他才开始新的任务。因为每个阶段似乎都很顺利，所以上帝也得到鼓励来持续工作，直至全部完成。

这听起来就是个明智的策略：把一个大的任务分成几个小任务；每个任务完成以后进行评估；如果评估结果好，那就继续；如果不好就停止。当然，我们也不可能说结局会变得如何糟糕，如果上帝对评价不满意于是决定止损的话（损失，想来被认为是，时间和精力的浪费）。但是因为这种情况没有发生，我就可以总结说，上帝是一个理性的计划者，他还增加了一个策略，就是不冒无谓的风险。

避开无谓的风险，或者避开一旦事情变糟以后可能带来的巨大损失，从这个角度来讲上帝是理性的，但光是这样恐怕还不能回答为什么上帝要在一开始创造世界这个问题。细心地安排工作是一码事；决定这份工作是否值得去做，那是另一码事。圣经只是简单地交待了上帝做了什么，不过莱泽克·科拉科夫斯基（Leszek Kolakowski）却认为理由是很明显的：

> 上帝创造世界是为了他自己的荣耀。这是一个无可争辩的事实，而

且也是非常容易理解的。一种无人看到的伟大是让人心神不安的。事实上，在这样的情况下，一个人也不会渴望变得伟大。伟大变得毫无意义，因为它没有任何目的……神圣和伟大只有在具体的背景下才有可能……也就是只有那时（创造了世界之后），上帝才变得伟大，因为他终于有人能够崇拜他，上帝能把他自己和人进行比较——这是多么美好的一件事！②

2.3 自由意志的问题

上帝创造了这个世界，仅仅是因为孤单，或者是想被崇拜吗？我们看不出来这些，因为圣经有说："没有人耕地"（《创世记》2:5）。可见上帝也不必"照着他的形像"（《创世记》1:27）来创造人，去完成这种枯燥无聊的农业工作。

对于男人和女人，显然上帝头脑中有更重要的事情，他指引他们去

> 要生养众多，遍满地面，治理这地；也要管理海里的鱼、空中的鸟，和地上各样行动的活物。（《创世记》1:28）

似乎这些还不够，

> 耶和华神在东方的伊甸立了一个园子，把所造的人安置在那里。耶和华神使各样的树从地里长出来，可以悦人的眼目，其上的果子好作食物。园子当中又有生命树和分别善恶的树。（《创世记》2:8—9）

然而伊甸园还不够田园风光，里面住的人的心灵也不是那么纯洁，否则冲突就不会因此而产生了。实际上，上帝还设立了一个挑战他权威的基础，他命令人：

> 园中各样树上的果子，你可以随意吃；只是分别善恶树上的果子，你

不可吃；因为你吃的日子必定死。(《创世记》2：16—17)

如果男人(后来是女人)只是上帝的木偶，会盲目听从上帝的每个希望和命令，那这个警告显然也没有必要。

就好像我已经说明的那样，上帝是一个细心的规划者。如果说创造一个他不能控制的带有自由意志的人，不是出于上帝的意图，似乎不太可能。因此，我认为，在创造世界的时候，上帝还是最想要创造带有自由意志的人；我觉得，如果没有成功，人即使作为木偶，也好过于没有人。毕竟，如果上帝真的渴望被欣赏，就像科拉科夫斯基说的那样，最好也是被一个长得跟自己一样的作为高等生物的人来欣赏，而不是其他的普通动物。

我觉得，不创造出人而只是瞧见植物和动物，那就更加糟糕。此外，如果没有人，那就无人管理其他生物了。同样糟糕的是，上帝成了孤家寡人，而不是有一个他可以俯视的世界了，更不用说向谁去宣示他的荣耀了。总之，我觉得上帝的选择，从优到差应该按照以下顺序：

1. 创造带有自由意志的人。

2. 创造木偶一样的人。

3. 创造没有人的世界。

4. 不创造世界。

通过选择他最喜欢的选项，上帝进行了理性的行动。

上帝更喜欢人类拥有自由意志，而不是像木偶一样受操纵，这一点也许还需要进一步的证明，特别是人后来还给上帝带来伤心和恼怒。(如果上帝是万能的，怎么不能预见这一点呢？)首先，我相信，只要上帝寻求荣耀、渴望赞扬，他应该能认识到，如果人只是他的木偶，这一切都将毫无意义。上帝想要让人向他表示敬意，但是这尊敬是发自人内心的，而不是通过强迫和命令得到的。就像伊利·威斯(Elie

Wiese)说的，"上帝最想要人耳聪目明，直言不讳，而不是盲目听从"③。这个观点在本书之后的章节中能得到支持：上帝最喜欢的是当人面对可怕的困境时，人对上帝的信仰坚定不移。在这样的情况下能经受得住考验的，是人而不会是木偶。

整部圣经中，上帝都在不断地考验着人，给予人很多犯下罪行的机会。结果有好几种：有时候人了不起地成功了，有时人可悲地失败了，有时人在动摇后又重新拾回了信仰。如果人一成不变地通过了所有的考验，那这世界将会是多么的无聊——准确地说，上帝就是想要摆脱无聊才在一开始就创造了世界。

为了使世界不那么容易被预测，也因此更加生动和精彩，让人拥有自由意志最符合上帝的利益。当然，上帝付出的代价是，必须与这样一个创造物作斗争，他们还常常让他十分沮丧，偶尔还能把他逼到绝望的边缘。但是一旦人取得了成功，上帝不仅感到骄傲，而且肯定了人对他的信仰是真诚的，而不只是奉承，因此当然也会容忍人的性格缺点了。

毫不令人惊讶的是，上帝在支持什么样的男人和女人的时候是有所选择的。作为一个高要求的创造者，他不断地对他的子民的行为或错误行为作出判断。一旦下了决心，他就会作出他最喜欢的选择，这一点我将在之后的故事中加以说明。

2.4　约束的强制力

为了决定帮助谁和支持谁，上帝对人的活动加以约束看起来是合理的。就像第2.3节指出的，上帝对人的第一个约束，就是不允许人去吃伊甸园中能使人辨别善恶的知识树的果实。

令人惊讶的是这种约束对人和对上帝都有价值，为了显示这种价值，我们列出了图 2.1 的结果矩阵。上帝作为博弈者,在图中位于横排,他在这个两人博弈(two-person game)中有两个策略:

1. 强加约束:I

2. 不强加约束:Ī

虽然我之后会单独列出亚当和夏娃之间进行的博弈,但在这个分析里面,为了方便起见,我把他俩放在一起作为单个的人类博弈者。(一个博弈者通常是指能在博弈中作出策略选择的行动者,而所谓的博弈,是通过博弈者的策略和会得到的结果来定义的,显示在图 2.1 中。)和上帝一样,亚当和夏娃也有两个策略:

1. 服从约束:A

2. 不服从约束:Ā

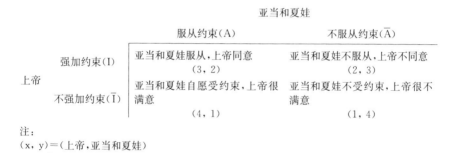

注:
(x,y)=(上帝,亚当和夏娃)
4=最优;3=次优;2=较差;1=最差

图 2.1 约束博弈的结果矩阵

有人会问,上帝不强加约束而亚当和夏娃却服从(并不存在的)约束,这是什么意思? 这里,我想假设亚当和夏娃能意识到上帝的偏好(我将简单说明),比如他们可能需要自发地遵守哪些约束。同样地,上帝也知道亚当和夏娃的偏好。在一个博弈中,如果双方都知道博弈对方(或其他博弈方)的偏好,那么这就叫做完全信息博弈(game of complete information)。因此,本书所展示的博弈,都将被假设为完全信息博弈,除非另有说明。

博弈双方策略选择产生的结果已经用语言来描述,总结在图 2.1 的结果矩阵中了。(不同的结果用成对的数字表示,来定义博弈者的偏好,稍后会有解释。)然而事实上亚当和夏娃并没有无条件地合作(A)和不合作(Ā)这样的选择。他们的行动发生在上帝之后,他们完全了解上帝作出的策略选择(I 或者Ī)。

这种行动的顺序用图 2.2 的博弈树表示(阅读时应从上到下):上帝首先选择是强加还是不强加约束;然后亚当和夏娃再选择是服从还是不服从。事实上上帝的行动在亚当和夏娃之前,亚当和夏娃能意识到上帝先作出选择,这就意味着这种博弈不能被表示成图 2.1 中的 2×2 的博弈形式(2 个博弈者,每个博弈者都有 2 个被认为是同时可选的策略选择)。上帝和亚当、夏娃之间的博弈的正确的矩阵形式应该是一个 2×4 的博弈(即上帝有 2 个策略,亚当和夏娃有 4 个),也就是我在这里要讨论的。

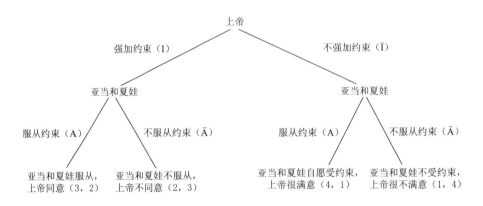

注：
(x, y)＝(上帝,亚当和夏娃)
4＝最优;3＝次优;2＝较差;1＝最差

图 2.2　约束博弈的博弈树

然而,为了评价这四种可能发生的结果,2×2 的形式肯定要被用到。在本书之后的很多两人博弈当中,我们也要用这种形式来解释可能出现的结果——这和行动的顺序没有关系，于是博弈树就可以被省略了。

我在评价时，只是把每一个博弈者的结果从最优到最差进行排序，没有给这些排序附上具体的值，或者基数效用。在图 2.1 和图 2.2 中，"4"被认为是博弈者获得的最优结果，"3"代表"次优"，"2"是"较差"，"1"是"最差"。因此，数字越大则结果越好。

在每一组中第一个字母 x，被假设为是上帝（图 2.1 中的位于横排的博弈者）的偏好的排序值；第二个字母 y，代表亚当和夏娃（图 2.1 中的位于竖排的博弈者）的偏好的排序值。因此，举例来说，结果（2，3）就表示上帝的较差结果，亚当和夏娃是次优结果。

注意，在现在这个博弈中，一方博弈者如果得到最优结果（4），那么另外一方必定得到最差结果（1）；一方如果是次优（3），那么另一方一定得到较差（2）。这种博弈者的偏好此消彼长的博弈叫作完全对抗性博弈（games of total conflict）（如果应用了基数效用的话也叫零和博弈）。

现在我们来考虑上帝的四个可能结果的排序。我假设上帝是很满意的（4），当他没有强加约束而亚当夏娃自觉遵守。上帝是比较满意的（3），如果上帝强加约束且他们能够遵守；上帝不满意（2），当他们不遵守约束时；上帝很不满意（1），当他没有强加约束而亚当夏娃也没有自觉遵守。

在最后一种情况中，可以想见，上帝后悔当初他没有强加约束，因为他不能就亚当和夏娃没有遵守一个不存在的规定而轻易追责惩罚他们。而尽管亚当和夏娃的行动因没有受到约束而彻底无视了他的禁令，可能对于上帝来说是更严重的触犯，但是在我看来上帝可能还是更愿意被对抗，这样他就可以在这之后实施惩罚而不会显得太专制。因此在图 2.1 当中，我安排的是，对于上帝来说 I$\overline{A}$ 使他得到（2），好于在 $\overline{I}\overline{A}$ 中他得到的（1）。

我之前说过,在这个博弈中,亚当和夏娃的偏好与上帝的偏好正好截然相反,所以他们较好的两个结果发生在他们不服从约束时;在这两个选择之间,与他们对抗上帝(上帝强加约束时)相比,他们将明显地偏向于不去对抗上帝(当上帝没有强加约束时)。亚当和夏娃较差的两个结果是他们服从上帝的约束;自觉服从的说法我觉得最没有吸引力,因为他们也同样可以选择不服从,也不用担心报复。

说亚当和夏娃非常重视摆脱约束的自由,则需要进一步的解释。比起接受对于他们行为的某些限制,他们难道真的更愿意承受上帝的愤怒,以及可能带来的惩罚吗? 当然也可能有人提出,一个强大的阻碍来自上帝警告偷吃知识树的果子会带来死亡的威胁。

然而,"耶和华神所造的,惟有蛇比田野一切的活物更狡猾"(《创世记》3:1)。想一想当蛇面对夏娃时是如何有效地弱化了上帝的威胁的:首先,它很不诚实地问道:

> 神岂是真说不许你们吃园中所有树上的果子吗?(《创世记》3:1)

注意,蛇把它早已知道错误的信息引到了问题中,说(可能)有一个"不许你们吃园中所有树上的果子"的禁令。当夏娃回答被禁的只是"园当中那棵树上的果子"(《创世记》3:3)时,蛇对这个禁令轻描淡写了一番:

> 你们不一定死,因为神知道,你吃的日子眼睛就明亮了,你们便如神
>
> 能知道善恶。(《创世记》3:4—5)

事实上,蛇从一开始表现得很天真——不像圣经告知读者的是精明的野兽——蛇这么做是为了使自己更容易得到夏娃的信任,也因此能更好地消除夏娃的害怕。

但是,除了消除夏娃的害怕之外,蛇还提供了一个吃禁果的绝好理由:会使夏

娃变成神,或许能像上帝一样。这个理由还被这个事实强化了—— "那棵树的果子好作食物,也悦人的眼目,且是可喜爱的,能使人有智慧"(《创世记》3;6)。

有了这些理由(我将在第 2.5 节中更详细探讨),夏娃对抗上帝的约束——而且可能还让亚当也这么做——是不明智的吗? 在理性地进行这个"约束博弈"时,假设上帝强加约束,亚当和夏娃选择对抗(3)而不是遵守(2),会产生什么样的结果呢?

之前已经指出,图 2.1 中 2×2 的博弈不能描述实际进行的"约束博弈",虽然它可以用来说明产生的四个不同结果以及每个结果中博弈双方的偏好。图 2.2 的博弈树中显示,上帝作出了第一个策略选择,如果要想确定博弈者的更好或更糟的策略,正确的表示应该是一个 2×4 的博弈,在这里上帝有两个策略而亚当和夏娃有四个。

这个博弈的表示如图 2.3,它反映了这样一个事实,因为上帝采取第一步行动,所以他能选择是强加约束还是不强加。另一方面,亚当和夏娃只能在上帝作出选择以后再行动,依赖于上帝的选择他们有四种选择。因此亚当和夏娃依赖于上帝的优先选择,有四个策略,可以完整地描述他们可能的选择:

1. A/A 无论如何都服从约束(Adhere to constraints regardless):被强加约束时服从,没有强加约束时也服从。

2. $\bar{\text{A}}$/$\bar{\text{A}}$ 无论如何都不服从(Be unrestrained regardless):被强加约束时不服从,没有强加约束时也不服从。

3. A/$\bar{\text{A}}$ 针锋相对(Tit-for-tat):被强加约束时服从,没有被强加约束时则不服从。*

4. $\bar{\text{A}}$/A 逆来顺受(Tat-for-tit):被强加约束时不服从,没有被强加约束时则服从。

注意在 A/A 和 $\bar{\text{A}}$/A 中,亚当和夏娃会服从没有强加的约束。考虑到完全信息

---

* tit-for-tat 在有些书里被翻译成"一报还一报",这里译为"针锋相对"。——译者注

的假设,我把这种情况说成是上帝对约束保持沉默,亚当和夏娃仍然能认识到上帝最喜欢(4)他们自觉遵守约束,同样上帝也知道这亚当夏娃对此会憎恶(1)。然而也许有人认为,亚当和夏娃无法真正意识到上帝偏好什么样的结果,他们吃了能分别善恶的知识树的果子等眼睛明亮之后,才能看到对抗上帝禁令的后果。

注:
(x,y)=(上帝,亚当和夏娃)
4=最优;3=次优;2=较差;1=最差
圈出的是理性结果

图 2.3 约束博弈的回报矩阵

然而接受这样的观点就意味着上帝颁布了一个没有实质意义的威胁,亚当和夏娃不会理解它的含义。我似乎认为这并不合理——理由之前已经说过,上帝不会喜欢别人毫无思考地服从他的规诫。然而,如果有人相信亚当和夏娃并不知道他们行为的后果,我会说,上帝至少想要给亚当和夏娃的(现已得到教训的)后代们一个关于对抗上帝的教训。但是这又会跳到我认为事实上发生的博弈的前面去了。

图 2.3 中的 2×4 回报矩阵中,两个博弈者构成一对策略选择(上帝有两个策略,亚当和夏娃四个),每一个博弈者的回报分别给出。举例来说,如果上帝选择要强加约束(I),亚当和夏娃选择"逆来顺受"(Ā/A),那么 I Ā 就是结果,因为,在"逆来顺受"中上帝选 I 暗示了亚当和夏娃选择 Ā。在图 2.1 中我们可以看到,这将产生(2,3)的结果——对上帝来说是较差结果,对亚当和夏娃来说是次优结果——显

示在图 2.3 中应该横排 I 和竖排 $\overline{A}/A$ 的交叉的一栏中。

我给上帝和亚当、夏娃作出的偏好假设，有什么样的博弈理论的含义呢？注意，首先，亚当、夏娃无论如何都不服从约束（$\overline{A}/\overline{A}$）的策略应为占优策略：不论上帝作出什么选择，他们的这个策略所得到的结果应该至少和他们的其他三个策略的结果一样好，有时甚至更好。* 具体地，如果上帝选 I，那么 $\overline{A}/\overline{A}$ 对亚当和夏娃产生（3）的结果，优于 A/A 和 A/$\overline{A}$ 产生的结果（2），同时和 $\overline{A}/A$ 的结果一样。从另一个方面来讲，如果上帝选 $\overline{I}$，亚当和夏娃的 $\overline{A}/\overline{A}$ 的选择将产生（4）的结果，已经不能更好了。因此 $\overline{A}/\overline{A}$ 就是亚当夏娃无条件的最优策略——不依赖于上帝的策略（I 或者 $\overline{I}$）——也可以想见这是一个理性博弈者在这样一个博弈中的选择。事实上，我把一个理性的博弈者定义成为一个选择占优策略的人，如果他有这样一个策略的话。④

不像亚当和夏娃，上帝在这个约束博弈中并没有一个无条件的最优选择。如果亚当和夏娃选择 A/A 或者是 $\overline{A}/A$，上帝应该选择 $\overline{I}$，因为这个策略将给他带来最好的（4）的结果；然而，如果亚当和夏娃选择 $\overline{A}/\overline{A}$ 或者是 A/$\overline{A}$，上帝就该选择 I，因为在这两种情况中这个策略将保证他不会得到最差的（1）的结果。I 和 $\overline{I}$ 都不是上帝的无条件的最优选择——"最优"取决于亚当和夏娃在他之后的行动——这个事实说明上帝这个约束博弈中没有一个占优策略。

那么上帝作为一个理性的博弈者该选择什么策略呢？因为亚当和夏娃的 $\overline{A}/\overline{A}$（无论如何都不服从约束）的策略占优，上帝将会知道，他们作为理性的博弈者会作出这样的选择。预计到他们会选 $\overline{A}/\overline{A}$，上帝将会选择强加约束（I）因为这将对他产生回报（2），优于 $\overline{I}$ 产生的回报（1）。（通常，一个没有占优策略的博弈者是理性的，

---

　　* 因为亚当夏娃选择这个策略时，能得到要么是（3）要么是（4）的结果，要优于其他策略带来的结果。——译者注

如果当另一方有占优策略时，他选择与另一方的占优策略相关时结果排序最高的结果的策略。）

上帝选择 I，亚当和夏娃选择 $\overline{A}/\overline{A}$，导致了结果（2，3）。因为这是理性博弈者（之前已定义）将会选择的结果，我将它定义为是理性的结果。虽然这对于亚当和夏娃来说是次优结果，对于上帝来说还是较差的，但不管怎么样，它是博弈双方理性博弈的产物，也是这个圣经博弈中的事实上被选择的结果。

也许博弈一方（尤其是上帝！）得到的糟糕结果还可以被称为是"理性的"，这很奇怪。然而，我接下去将会说明，上帝在最终和亚当夏娃之间进行的"惩罚博弈"中，认识到自己的次优结果，并得到了部分补偿。"约束博弈"和之后马上发生的两个博弈（"诱惑博弈"和"分享博弈"）不过是这个最终的博弈的前奏，而我认为这个最终的博弈是上帝和其他博弈者在创世记之后的表现的最好评判。我将在接下去的几个小节中说明，一旦夏娃经不住蛇的引诱，蛇的得逞给了上帝——在亚当和夏娃带着一番情有可原的请求认罪之后——一个显示"公平"正义的借口。

考虑了我假设的这些博弈者的偏好，这一节的分析显示了为什么对亚当夏娃的行为强加约束符合上帝的利益，而无视这些约束则符合夏娃（然后是亚当）的利益。然而，为什么夏娃要屈服于蛇的诱骗，而不是出于她自身的选择违抗上帝呢？要更好地理解这具体的原因，就要放在她与蛇的博弈的语境当中，而蛇也和其他博弈者一样，是有偏好的。

2.5 夏娃被蛇引诱

我之前就已经描述了夏娃和蛇的交谈。似乎蛇想要策划让夏娃失去上帝的喜爱,虽然它渴望这么做的动机没有被明确。然而我认为,蛇作为圣经宣称的精明的野兽,完全知道对抗上帝的后果,如果夏娃要尝禁果它也宁可不去引诱她这么做。事实上,蛇一开始问的问题——关于什么果实是上帝禁止亚当和夏娃吃的,是无关痛痒的——表面上看,蛇只是在寻求信息而已。

在第 2.4 节中我已经说了,这个问题被聪明地设计成了从夏娃那里得到"只有一棵树被禁"的回答。这个问题明显就是暗示说,如果在整个伊甸园中只有一棵树被禁的话,上帝的禁令可能不是认真的。

但是对于蛇来说不幸的是,夏娃没有从中得出这个结论;相反,她回答说,如果她或者是亚当吃或者碰到禁果,他们就会死。有趣的是,我们注意到之前上帝可没有禁止亚当、夏娃"碰到"禁果。因此,夏娃的回答看起来是强化了上帝的禁令:因为害怕碰到禁果,连靠近被禁的树都是危险的,更不用说吃树的果子了。夏娃在事实上和这棵位于伊甸园中间的树划清了界限。

这样就几乎没有留给蛇选择的余地了。如果夏娃认真地对待上帝的禁令,那么蛇不仅要反驳上帝的威胁,还应该给予更多的承诺。蛇确实这么做了,就像我之前说的,先解除了上帝的威胁,然后保证了夏娃在尝禁果之后将获得神力的超额奖励。

如果蛇只是讥讽了上帝的威胁,而没有吹捧它声称的尝禁果带来的积极效果,那么我想,它挑战了上帝之后就不会有那么倒霉了。但是想到那无关痛痒的问题或许仅仅是解除威胁,可能还不足以诱惑夏娃,蛇迫切感到要把这事情说得尽可能无懈可击。

如圣经所说,蛇事实上是有说服力的。夏娃不仅被诱惑尝了禁果,还把一些禁果给了亚当,让他也尝了。(在第 2.6 节我会分析她和亚当之间关于让亚当吃禁果的博弈。)

为了给夏娃和蛇之间进行的博弈建立模型，我假设，当夏娃没有受到引诱就吃了禁果，蛇得到最好结果(4)，因为蛇没有做什么对抗上帝的事情。（虽然上帝在这个博弈中不是博弈者，但是他明显在构成博弈双方的结果上是一个决定性的力量。）另一方面，蛇的最坏结果(1)发生在夏娃拒绝诱惑时，因为蛇没能对上帝权威进行挑战。成功地引诱夏娃并对抗上帝，给蛇带来结果(3)，而比起根本没有去引诱一个绝对害怕上帝的夏娃带来的结果(2)，我想蛇会更喜欢前者。对抗上帝虽然是严重的，但也可能被弱化到最小程度了，因为上帝没有特别禁止蛇接近夏娃。此外，蛇既然能见到裸体的亚当和夏娃，它自己也可能受了对夏娃的欲望的驱使，超过了它对挑战上帝权威的恐惧。⑤

刚才已经证明了图2.4的矩阵中蛇得到的结果的排序，我现在想要说明夏娃对于这些结果的偏好，和蛇的偏好部分是一致的，部分是冲突。因此，之前上帝和亚当、夏娃之间进行的博弈主要围绕是否强加约束，现在的博弈则不是，它不是一个完全对抗性博弈。我把这种博弈叫作部分对抗性博弈（games of partial conflict）*，博弈双方的偏好不是此消彼长的，也不是完全一致的。

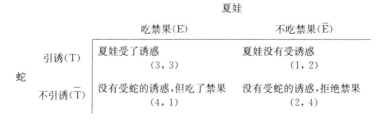

注：
(x, y)＝(蛇，夏娃)
4＝最优；3＝次优；2＝较差；1＝最差

图2.4　诱惑博弈的结果矩阵

---

* 非零和博弈。——译者注

我相信,夏娃和蛇在这个诱惑博弈中都同意的结果,对于博弈双方来说都是次优:蛇成功地引诱了夏娃——图 2.4 结果矩阵中的(3,3)。另一方面,他们的目标是交叉的,如果夏娃没有受诱惑而吃禁果,就像我之前所说的,这对于蛇来说是最优结果(4),但对于夏娃来说是最差结果(1),因为她对抗了上帝却没有好的理由。夏娃的较差结果(2),将会是去抵制蛇的诱惑,但可以想见这对于她来说极其困难。我认为,夏娃的最好结果(4),将会是:首先不用面对诱惑,然后自己决定听从上帝的要求。

因为蛇采取了第一步的行动,也只有在这之后夏娃才作出回应,这个博弈就像之前的博弈一样(后面还有几个类似的)将使用 2×4 的博弈模型,蛇首先在两个策略当中选择一个,基于此夏娃有四个策略。图 2.5 表示了这个部分对抗性博弈的回报矩阵,可以看到夏娃的"针锋相对"策略占优(E/Ē:如果受诱惑就尝禁果,不受诱惑就不尝禁果)。如果蛇预计到了这个策略选择的话,那么它当然就会诱惑夏娃,因为这个策略给它带来更好的回报(3),在 E/Ē这一栏里要优于不诱惑夏娃得到的回报(2)。因此,和"约束博弈"一样,这个博弈的理性结果也正是事实上发生的结果。然而通过把亚当变成她的随犯,夏娃立刻就减轻了这个结果在上帝这里造成的后果。

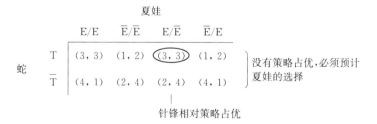

注:
(x, y)=(蛇,夏娃)
4=最优;3=次优;2=较差;1=最差
圈出的是理性结果

图 2.5 诱惑博弈的回报矩阵

2.6　夏娃邀请亚当

圣经对夏娃吃了禁果以后发生的事作了简洁的描述：

> 就摘下果子来吃了；又给她丈夫，她丈夫也吃了。他们二人的眼睛就明亮了，才知道自己是赤身露体，便拿无花果树的叶子，为自己编作裙子。（《创世记》3:6—7）

之前夏娃是从亚当的一块肋骨变来的，但是圣经说，在她受到蛇的诱惑之前，

> 当时夫妻二人赤身露体并不羞耻。（《创世记》2:25）

明显地，如果说——如蛇已经预计到的——亚当和夏娃一吃禁果眼睛就明亮的话——眼睛明亮却没有使他们变得成神。反而是，作为他们对抗上帝而犯罪的结果，裸体让他们感到羞耻。

随后，亚当、夏娃和上帝之间就有了一段有趣的对话：

> 天起了凉风，耶和华神在园中行走。那人和他妻子听见神的声音，就藏在园里的树木中，躲避耶和华神的面。耶和华神呼唤那人，对他说："你在哪里？"他说："我在园中听见你的声音，我就害怕，因为我赤身露体，我便藏了。"耶和华说："谁告诉你赤身露体呢？莫非你吃了我吩咐你不可吃的那树上的果吗？"那人说："你所赐给我，与我同居的女人，她把那树上的果子给我，我就吃了。"耶和华神对女人说："你作的是什么事呢？"女人说："那蛇引诱我，我就吃了。"（《创世记》3:8—13）

上帝于是惩罚蛇以后只能爬行，余生只能吃土，夏娃在生孩子的时候要遭受痛

苦,让她喜欢的丈夫来管着她,而亚当必须为了食物而辛苦工作,死后归为尘土。

刚才这个引用的段落说了几件事情:

1. 亚当和夏娃躲着上帝,清楚地暴露了他们的负罪感。

2. 如果上帝不能在园中找到他们,那么上帝就不是无所不知的,要么就是上帝和亚当(男人)进行着博弈。

3. 如果上帝在进行博弈,目的似乎就是为了让亚当坦白罪行,那么上帝确实这么做了。

4. 然而亚当的坦白牵连了夏娃,接着又牵连到了蛇。

毫无疑问,这些相继发生的选择可以按照一个规范的博弈来建立模型,但是我觉得此时发生的事情不用规范化也已经够清楚的了。亚当和夏娃已经犯了罪,表面上他们理性地选择了躲避上帝。如果上帝真的很困惑,那他们在某种程度上已经成功了,但是最终结果当然是真相大白。然而亚当不愿意承担所有的责任,于是他理性地把责任分摊给了夏娃,反过来我们也不难理解夏娃会说她受了蛇的引诱。

回过头来看,分摊责任看起来是一个相对成功的策略,因为所有的博弈者都保住了性命。因为上帝收回了他早前要杀死所有吃禁果的人的威胁,我敢肯定地说,亚当和夏娃的行动相当的机智。至于蛇我不能肯定;但是考虑到它的偏好,我觉得它的行为也是理性的,虽然再也没有听到它的消息了。但是从蛇之前的行为判断,我猜想,它就像亚当和夏娃一样,如果有机会也是会见风使舵的。

考虑到吃了禁果以后急转直下的糟糕形势,我想要问的问题是,为什么亚当会接受夏娃的禁果呢?他当然会预计到对抗上帝的禁令上帝不会高兴。而且,亚当不需要去面对抵制一条非常狡猾的蛇的诱惑的问题。

我相信这个问题的解释在于,亚当自己也想不受约束,同时也是出于对夏娃的爱。其中第一个动机在"约束博弈"中是非常明显的。如果这个动机被他对夏娃的爱加强了,那么当夏娃给他禁果时他不会轻易拒绝,尽管对抗上帝的命令将会带来严重的惩罚。

为了使这个论点更加精确,我们考虑下亚当在图 2.6 当中从最优到最差的结果排序:夏娃吃了禁果以后,他最想要通过接受她给的禁果来摆脱约束并取悦夏娃(4);然而,如果她没有给禁果,他仍然重视自己的自由(3);他不高兴,如果夏娃没有给他禁果但是后来他吃到了(2);最坏的结果是夏娃给了他禁果但是他没有吃(1)。

注:
(x, y)=(夏娃,亚当)
4=最优;3=次优;2=较差;1=最差

图 2.6　分享博弈的结果矩阵

我认为,在最好的结果(4)上,夏娃和亚当是一致的——她给禁果,然后他吃了。然而,即使她没有给,她也应该希望他吃禁果(3)。如果亚当拒绝了她给的禁果,那么她会很沮丧(2),但是最糟糕的情况(1)是亚当随后会拒绝的禁果,夏娃甚至就没想要给过。在后一种情况中,夏娃也许永远会责怪自己,因为亚当拒绝吃她从来就没有给过的禁果。

虽然亚当和夏娃对于对方的爱非常明显,但是他们的博弈是一种部分对抗博弈。而且,它的恰当表示应该是一个 2×4 博弈,夏娃先采取第一步行动,亚当有一个占优的针锋相对策略(E/E̅):如果夏娃给禁果,那么他吃,如果不给就不吃(见图 2.7)。考虑到亚当的这个策略选择,夏娃最好的选择就是给禁果(O),于是对于双方来说都产生最好的结果。

虽然这些就是亚当和夏娃实际作出的选择,但是认为这个最终结果对他们来说是"最好的",似乎有些奇怪。不过我坚决认为,他们的选择是理性的,不仅如此,考虑到他们不想受约束的强烈愿望,并假定他们都爱着对方,说亚当接受夏娃给予的禁果是"最好的"结果,也不失公允。

这个观点得到了以下事实的支持:如果夏娃(非理性地)选择了不给禁果($\overline{O}$),那么亚当接下去的最佳选择将会是$\overline{E}/\overline{E}$或者是$E/\overline{E}$,在图 2.7 的回报矩阵中可以看到。在这两种情况中,亚当不吃禁果将是理性的,将导致他得到次优的结果(3),而夏娃得到最糟的结果(1)。

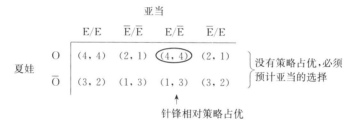

图 2.7 分享博弈的回报矩阵

然而,考虑到他们各自独立的愿望和对对方的爱,夏娃如果不给禁果,而亚当让夏娃独自面对犯罪的后果,这样真的对夏娃更好吗? 我觉得不是:在知道了亚当的偏好以后,夏娃给他禁果,然后亚当又去接受,显然是理性的。

但是出于讨论的目的,假设夏娃,在被蛇的诡计欺骗之后,最希望亚当不要学她的坏榜样。她爱亚当,她也不希望让他一同犯罪,这会使她最渴望的结果变成为,夏娃不给禁果而亚当也不会接受。这样假设的话,图 2.6 的结果矩阵和 2.7 的回报矩阵中,夏娃最希望的结果就从(1,3)变成了(4,3)。

如果亚当的偏好排序没有变,那么他仍然采取"针锋相对"的占优策略。然而此时夏娃预计到了亚当的占优策略后,她都将选择不给禁果,我们也不用考虑她的其他级别更低的偏好是什么了。亚当也不会吃禁果,导致的(4,3)结果对于夏娃来说是最优,对于亚当来说是次优。

这个新博弈的问题就是,它所预测的理性结果并不是圣经中所发生的结果。因此我得出结论,如果博弈双方都是理性的,并且完全知晓对方的偏好,那么夏娃不会相信只要她舍弃自己就能救亚当。相反,她的爱会采取更自私的形式——和亚当分享禁果,于是她就分享了。(亚当让"针锋相对"成为他的占优策略,他的偏好也同样是自私的。)如果夏娃在给禁果的时候早就知道她被蛇诱惑了并且犯了罪——这一点也不是很清楚——她对亚当的爱也不至于想要去保护他。

也许最有可能的是,夏娃在那时没有完全懂得她行动的结果,她只是想要让亚当高兴。既然夏娃已经知道了亚当的偏好,这正说明夏娃是无私的。按照这个解释,亚当也想要通过接受禁果来表示感谢。但无论是出于自私还是无私,亚当和夏娃的行动明显地违抗了上帝的禁令。

2.7   亚当和夏娃面临的惩罚

我在第2.6节中描述了上帝给予了蛇惩罚,因为蛇诱骗夏娃并对抗他的权威,同时上帝也惩罚了夏娃和亚当,因为他们无视他的威胁而吃了能使人分辨善恶的知识树的果子。在宣布了对他们的惩罚以后,上帝清楚地说明了为什么尝禁果得到知识后会造成问题:

> 那人已经与我们相似,能知道善恶。现在恐怕他伸手又摘生命树的
>
> 果子吃,就永远活着。(《创世记》3:22)

换句话说,就如蛇之前预计会发生的一样,人分别善恶的能力已经和上帝相当,如果人还能从生命树那里得到永生,就可能威胁到上帝的权威。于是上帝就选择了他唯一可行的选项:

> 耶和华神便打发他出伊甸园去,耕种他所自出之土。于是他把他赶
>
> 出去了。又在伊甸园的东边安设基路伯,和四面转动发火焰的剑,要把守
>
> 生命树的道路。(《创世记》3:22—24)

由此,上帝位于最高处的等级也就被确立了,可以想见在这样的情况下这是他最好的结果。

我说"在这样的情况下",是因为,如果亚当和夏娃没有吃能分别善恶的知识树的果子的话,想来上帝不会觉得有必要把他们逐出伊甸园。⑥只有当亚当和夏娃在知道了善和恶以后,驱逐才成为上帝的理性选择。如果他们没有因为吃禁果而得到知识,那么生命树的果实就不会对他们构成威胁:没有分别善恶的知识——光是永生——将会是无知的,想来也是无能地活着。所以很明显,永生和知识的组合是上帝无法忍受的,所以上帝采取了合适的措施,阻止已经得到了知识的亚当和夏娃不再得到永生,也由此保证了他独一无二的特权地位。⑦

这种计算是非常直接的,也因此在我看来无需赘述。然而似乎更有问题的是,为什么上帝没有执行吃禁果的惩罚——死亡?他之前就拿这个威胁过亚当和夏娃。

我想,这个解释在于亚当一开始想逃避但是很快就认了罪这个事实。更重要的是,我在第2.6节中已经说过,他和夏娃辩称说他们情有可原,这一点似乎是被接受了,因为圣经中没有出现关于蛇的自我抗辩的描述。

更正式的解释是，亚当和夏娃也许从一开始就可以被看作是在服从上帝和不服从上帝间选择(见图2.8的博弈树)。在他们不服从上帝而吃了禁果以后，上帝质问亚当，亚当可以否认罪行也可以承认。在后面一种情况中，我想亚当要为对抗上帝给出很好的理由。面对死亡的威胁，大胆地承认罪行就不会是亚当要认真考虑的策略选择了。

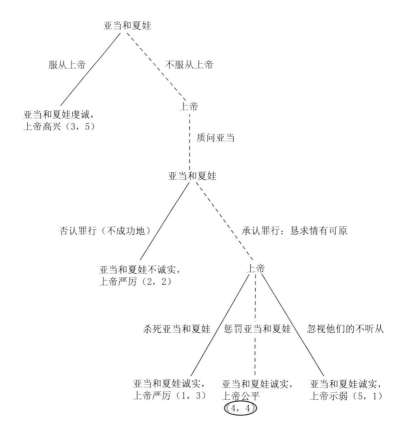

注：
(x, y)=(亚当和夏娃，上帝)
5=最优;…;1=最差
圈出的是理性结果

图2.8 惩罚博弈的博弈树

在亚当作了选择以后,上帝似乎就能够从这三种回应中作选择:就如他之前承诺的,杀了亚当和夏娃;惩罚他们但不会杀他们;忽略他们的不服从。在图 2.8 中,我认为后一种行动对于上帝来说会导致最糟糕的结果(1);亚当和夏娃对抗他的威胁,对上帝来说忽略这种对抗太丢人,他因此会被认为柔弱无能。按偏好的顺序依次向上的话,我想上帝接下去最喜欢的是,亚当和夏娃否认罪行,而上帝认为这是假的,想来他也会因此杀了亚当和夏娃(2);亚当和夏娃承认罪行,上帝仍然杀他们,尽管夏娃明显受了蛇的欺骗(3);然后是因为他们没有服从命令而惩罚他们,但不会要他们死(4);最后是,上帝让他们服从他,从一开始就不会去吃禁果(5)。

我认为亚当和夏娃的偏好,按升序排序应该是:承认罪行,因不服从而被处死(1);不能成功地否认罪行,但想来他们弄虚作假的结果是死亡(2);听从上帝(3);承认罪行,因为不服从而受惩罚,但是不会被处死(4);不服从,但没有因此被惩罚(5)。最有争议的也许是,我把"听从上帝(3)"放在了排序的中间位置("亚当和夏娃是虔诚的,上帝是满意的"),低于"因为不服从而受惩罚(4)"的排序("亚当和夏娃是诚实的,上帝是公平的")。之所以这么做,是因为我相信,夏娃在听了蛇的劝说之后,亚当在他心爱的女人给了他禁果之后,都没有觉得会因为吃能分别善恶的知识树果子而受严重威胁。在他们选择的时候他们的理解是,不服从上帝,尽管有风险,但考虑到会有"能变得跟神一样"的终极回报,似乎就不那么令人害怕了。

我们一定记得,上帝在这以前没有威胁过任何人——也因此没有被挑战失败过。他所说的话的可信度还没有被建立,而可信度将是之后的事情,因此亚当和夏娃也许有理由把上帝的威胁不完全当回事。此外,就如蛇许诺的,吃了禁果会变得跟神一样,这福分可不浅。

按图 2.2 的"约束博弈"的博弈树转换成图 2.3 的回报矩阵的方法,我能把图 2.8 的博弈树也用矩阵形式写出来。然而,当博弈双方有更多的策略可选时——

比这个和之前的博弈还多的时候,矩阵的形式就显得有些复杂和笨拙。此外,理性的博弈者作出的选择可以直接在博弈树上读出,这样就没有必要非要借助矩阵形式来决定理性的结果了。(不过,矩阵形式的优势我将会在第3.2节中讨论。)

借博弈树来决定理性选择是基于一个倒推的推理过程。读者首先要问,对最后一步行动的博弈者(上帝),如果博弈进行到了他这个位于博弈树底下的选择节点(或行动),他会选择什么。因为上帝在这个点上的最佳选择是惩罚亚当和夏娃(4),如果博弈进行到了这一步,我假设他会选择这个策略。因此,我将这个用虚线表示而不是实线。

亚当和夏娃先于上帝的选择将是,否认或是承认他们的罪行。如果他们承认了罪行,他们知道上帝作为一个理性博弈者,将会在之后选择惩罚,和(4,4)相关——理由在上一个段落已经给出——所以这就是他们的回报,和认罪合理地联系在一起。在(2,2)和(4,4)之间,亚当和夏娃会偏好(4,4)。

再向上看,我用一条垂直的线来表示"上帝质问亚当",我想上帝的这一步不会再包括任何其他的选择了。这之后再往上的一个博弈者选择,将会是"亚当和夏娃要服从上帝还是不服从"。我再一次将"理性的"回报(4,4)和他们的选择(不服从)连在一起,而他们的选择也将最终导致这个回报,因为比起服从上帝得到的(3,5),他们会更喜欢这个结果。我想不服从将是他们的理性选择。

现在从亚当和夏娃的第一步开始看。他们预计到所有博弈者将来的行动(包括他们自己),从而得出结论,假设在每一步上所有博弈者都是理性的,那么他们选择不服从,将最终导致博弈树的最底端圈出来的结果(4,4)。因此,要找到这个博弈的理性结果,就要先假设每个博弈者在未来选择节点上的理性选择,然后在我们的头脑中将与这些选择相关的回报——在这个博弈中只有(4,4)——来替代上一步行动的树枝,将这个过程倒推到博弈的第一步。

通过这样的推理,亚当和夏娃选择不服从上帝,以及上帝选择惩罚他们,都是理性的。亚当和夏娃必须预计到他们将来受的惩罚不至死罪,才会去为违抗上帝寻找理由,所以他们也没有一个占优的或者是无条件最优的策略。

因为上帝直到这个博弈的最后一步才有真正的策略选择,考虑到此刻他有三个选择,他更容易将收益最大化。我在图 2.8 中称这三个选择为"上帝严厉""上帝公平"和"上帝示弱"。实际上,我认为,杀死亚当和夏娃也由此废止他创世记的宏伟设计,对于上帝来说,倒还不如更宽容些地惩罚他们从而保留他的设计。但是,肯定是需要一些惩罚的,既是为了上帝避免被认为"软弱",也是为了避免在将来的博弈中失去可信度。

因此,上帝在"惩罚博弈"中的选择部分依赖于他在创世记时作出的选择。此外,似乎可以合理地假设,上帝知道他的选择会对他在未来博弈中的行动立下一个先例。虽然我迄今为止所分析的博弈有时间上的相关性,但我相信它们也有独立性,从而单个的博弈能变成为这些博弈想要描绘的策略选择情形的合理模型。

这样分析的主要问题也许是,需要知道正在进行的是什么博弈:博弈者是谁?他们的策略选择如何排序? 博弈的可能结果是什么? 博弈者如何评估这些博弈?举例来说,亚当和夏娃真的能预见他们在"惩罚博弈"中罪不至死吗?甚至真的能预见他们的罪行会被上帝发现吗? 蛇在这个博弈中应该作为一个博弈者参与进来吗? 就这些相关的问题,我将圣经开始部分的这些博弈来作一个最后的总结。

2.8　总结

在这个章节中我分析了五个博弈:

1. 创世记"博弈"(博弈者:上帝)

2. 约束博弈（博弈者：上帝 vs.亚当和夏娃）

3. 诱惑博弈（博弈者：蛇 vs.夏娃）

4. 分享博弈（博弈者：夏娃 vs.亚当）

5. 惩罚博弈（博弈者：亚当和夏娃 vs.上帝）

我在《创世记》的例子中给"博弈"加了引号，因为它是一种退化的博弈——一个个人和自然世界的博弈，而上帝是唯一的博弈者。这样的博弈相当于博弈者从"自然"提供的一系列选择中作最优选择。我们还能想起，在创世记博弈中，上帝不仅是一个博弈者也是至高无上的神，他能另外建立一个世界并让它成为自然，而人成为它的中心。

在这个博弈中，我认为，上帝将拥有自由意志的人引入世界，比起其他的选择来更好地满足了，也真正地激发了，他想被尊敬和赞扬的渴望。但这是有风险的：人被给予了自由，可能就不能像上帝希望的那样顶住世俗的诱惑而正确行动，尤其是在困难的情况下。不过，如果像科拉科夫斯基说的那样，上帝也渴望打发一下他的无聊，所以使得世界更不可预测，也因此变得激动人心、充满挑战性，那么砍断操纵人的木偶绳可能是值得一试的冒险。

一旦世界创立，上帝很快就要面对圣经中的人类人物的自由所带来的风险。上帝理性地约束他们的自由，但约束立刻被亚当和夏娃打破了。蛇和夏娃之间进行的"诱惑博弈"，为后来亚当的屈服建立了合理性。最终，"惩罚博弈"显示了亚当和夏娃应该承认他们的罪行——情有可原地恳求一番——随后上帝应当惩罚但不会杀了他们。

在我看来，我在这一章节分析的几个博弈抓住了圣经开始部分的各种冲突的必要元素，然后用逻辑的方法把他们"还原"。然而，不仅是博弈者有重复出现，这些博弈在时间上也有重叠；在另一个博弈开始时，前一个博弈还不一定结束。比如,假设以下这些也不是没道理的:当夏娃和蛇进行博弈时,她也在想着将来和她的丈夫分享禁果的可能性,以及她可能遭受的惩罚。不过,我把这些想法都建立了模型,放到了不同的单个博弈中去。

这种博弈的分类是武断的,就像对一个复杂社会情形作理论简化一样,何况并不是所有的参数都能被很好地说明甚至是被了解。但除此以外,这个分析起码显示了策略情形真的是复杂的,当然要比很多传统的对亚当、夏娃的故事进行的分析要复杂得多,而且我相信也建立了这样的必要性——使圣经的分析能系统地在一个框架内进行。

在这个故事中,和在之后其他的故事里一样,我没有假装就博弈者是如何做以及为什么要做他们做的事给出一个最终定论。关于这个主题,毫无疑问的是,一定还存在其他合理的博弈理论分析,不仅是偏好的假设可以不同,对于所进行的博弈和它们假设的排序也可以不同。在事后分析任何社会现实时,我们很难主张只有唯一的一种说法。

这个非唯一性问题的一个可能的回答是,建立一个宏大的博弈,能够在不同时间节点上包含所有可以想到的博弈者。这种架构的问题是,这个博弈不仅会变得复杂得不可救药,分析起来也会非常困难。一个更严重的问题是,真正的人类博弈者,甚至也可能包括上帝,几乎不太可能看到很远的未来并且还能在头脑中反复掂量这些复杂情况。[⑧]举例来说,甚至在相对简单的"惩罚博弈"中,如果亚当和夏娃能向上帝解释他们面临的问题,上帝可能会减轻惩罚,但说亚当和夏娃能预见到这一点,然后把这种预见作为认罪的基础,这也不是显而易见的。这只是合理的假设,绝不是无可争辩的。

尽管如此,我认为博弈理论提供了合理的框架,现有的在这个框架内的策略分析,如被发现有必要,是可以修改和完善的。在"惩罚博弈"中,有一个偏好的修改被提出并被排除了。在本书的第 3 章，当有模棱两可的情况出现时，人物的偏好存在好几种可替代的解释，我将展示我们将如何系统地调查和评估这些解释。

【注 释】

① 在一部当代小说中，上帝对于他所创造的世界并不高兴："上帝看到了他所做的，对自己的热情感到悲伤。他想，我对自己不满意，我满心欢喜地创造了这些，我以为会让他们跟我一样，他们看到我在他们中间于是会希望得到我的陪伴。我对自己的狂欢感到了厌倦，现在将会受够他们的狂欢。真是错误。是的。是个错误。"［Arthur A. Cohen, *In the Days of Simon Stern* (New York：Random House, 1972), p.456］。感谢威廉·斯科特·格林(William Scott Green)提供此条参考。

② Leszek Kolakowski, *The Key to Heaven*, tr. Celina Wieniewska and Salvator Attanasio (New York：Grove Press, 1972), p.3.

③ Elie Wiesel, *Messengers of God：Biblical Portraits and Legends* (New York：Pocket Books, 1977), p.104. 戈登·D.考夫曼(Gordon D. Kaufman)对上帝对人赐予自由意志的问题给出了一个开拓性的解释："如果上帝想努力创造自由和负责的人类，那么他必须给人类一个能实施他们的自由的范围，也因此来学会担负责任。"［*God the Problem* (Cambridge, Mass.：Harvard University Press, 1972), p.191］

④ 很容易看到，每一个偏好严格设定（比如，四个结果都从最优到最差排序）的 2×2 博弈，扩展为 2×4 博弈时，总是会导致第二个行动的博弈者有一个占优策略，不管他在 2×2 博弈中有没有。最近，选择占优策略的理性受到了具有神学暗示的"纽康悖论"(Newcomb's Problem)的挑战，它与博弈理论相关的结构我曾讨论过，见"Newcomb's Problem and Prisoners' Dilemma", *Jouranal of Conflict Resolution* 19, no.4 (December 1975)：596—612. 在我看来，在存在"诱因悖论"(paradox of inducement)的博弈中，占优策略的选择是最受疑问的，但是这种悖论在本章讨论的博弈中都不存在。（然而请参考第 3.3 节。）这个悖论在其他书中有说明，见 Steven J. Brams, *Praradox in Politics：An Introduction to The Nonobvious in Political Science* (New York：Free Press, 1976), chap. 5, 和 Nigel Howard, *Paradoxed of Rationality：Theory of Metagames and Political Behavior* (Cambridge, Mass.：MIT Press, 1971), pp.168—184.

⑤ *Encolopedia of Biblical Interpretation* (New York：American Biblical Encyclopedia Society, 1953), 1：119；和 John L. McKenzie, *Dictionary of the Bible* (Milwaukee：Bruce Publishing Company, 1965), p.791. 关于神话中蛇的性别角色的问题，见 Robert Graves and Raphael Patai, *Hebrew Myths：The Book of Genesis* (New York：McGraw-Hill, 1963), pp.86—87. 我不建议太依赖远远超过圣经文字字面解释的语言学分析。不过，从拉比的到弗洛伊德学说的

圣经解释,我相信,都不应该被立刻排除。文字说明白的东西最站得住脚,但是这个观点不应该使得我们咬文嚼字,以至于贬低了其他的学问可能提供的良好的观点。顺便说下,我希望对圣经进行这样解释的天主教观点能被应用到本书当中!

⑥ 另一方面,也许有人认为,不管什么情况下上帝都最想要得到一个惩罚亚当和夏娃的借口。因此他可能对那些对抗他命令的人,在他们头上会降临什么,设立一个开眼界的先例。这个观点和上帝最想要亚当和夏娃来屈服于他们和蛇的、他们自己的博弈中的诱惑是一致的。我将会回到建立先例和未来的可信度这个问题上来——这个观点在这本书里不断重复。

⑦ 然而,从圣经的另外一篇文章(《以西结书》28:11—19)来看,比起亚当和夏娃从吃禁果得到的道德知识来,上帝好像对他们的骄傲自大和敢于对抗,感到更为不安。

⑧ 参见 Frederic Schick, "Some Notes on Thinking Ahead," *Social Research* 44, no.3 (Autumn 1977):786—800。

第 3 章　信仰的意义 [*]

3.1　引言

在这一章中我将说明的是,亚伯拉罕企图献祭他的儿子以撒(在《创世记》中),以及耶弗他真实地献祭了他的女儿(在《士师记》中),这两个故事都能被看作是两位父亲和上帝之间进行的两人博弈。对这些博弈的不同的解释,说明在"信仰"和"理性"之间存在一个取舍:圣经人物作出的理性计算越是精确,他们就越不需要为实现自身目的而对上帝盲目信仰。因此,如果一个人的信仰动摇了,那么他的理性可以支撑他——但也不是绝对的,如果他离经叛道太严重而上帝又不是那么同情的话。

[*]　本章的内容大部分基于史蒂文·J.布拉姆斯的一篇论文"Faith Versus Rationality in the Bible：Game-Theoretic Interpretations of Sacrifice in the Old Testament",投稿于 1978 年 6 月 13 日到 16 日在维也纳举行的博弈理论应用国际研讨会。会议论文集名为 *Applied Game Theory：Proceedings of a Conference*,*Vienna 1978*,ed. S. J. Bramsa, A. Schotter, and G. Schwödiauer(Würzburg, West Germany：Physica-Verlag, 1979)。我感谢 Physica-Verlag 允许我使用这篇论文中的材料。——作者注

我从这些故事中得出的一个结论是，按"理性"解释圣经人物的行为并不比按"信仰"解释来得更牵强。事实上我可以说，一个更加世俗的理性解释更为可信，恰恰是因为它没有去假设圣经人物在面对逆境时具有超凡的正义感。然而，这也不是说信仰是不理性的。相反，有信仰意味着有这样的偏好，使得一个人的理性策略独立于其他博弈者的策略——也就是说，一个人自己的价值观完全决定了他的行动。

我从这个分析中得出的第二个结论是，上帝能容忍一些离经叛道，但不能容忍完全被排斥。他知道他的子民的缺点，他能够（但也不总是愿意显示）仁慈。在我看来，这种适当容忍的态度，和把上帝概念化为一个博弈者的做法是一致的，他无处不在但不是无所不能，他理性但不是没有情感。他的存在和力量大幅降级以后，和我们大多数人也就相差无几了。

在我要分析的《旧约》中的两个献祭人的故事中，上帝的动机似乎是很明白的。不过呢，我会考虑他的偏好的可替代的解释，以及他的对手的偏好的可替代的解释，来把他们的行为模型化为博弈者在博弈中的行为。因为这两个故事有不同的结果，所以它们很好地说明了博弈的结果依赖于博弈者的偏好。我将用博弈理论来解释这些博弈中博弈者的选择，和这些故事的非理性解释相比较，从而得出结论。

3.2 亚伯拉罕献祭儿子

《创世记》第 22 章中语言简洁是一大特点，开头写道，"这些事以后，神要试验亚伯拉罕"。然后，仅仅在 18 个句子之后，就讲述了圣经中最伟大最凄美的故事之一。这个故事具有重要的意义，它又与信仰、献祭和谋杀等主题交错在一起，有人已经作了大量的分析和解释，其中一些我将在第 3.4 节作简要讨论。

在这个故事中，上帝要求亚伯拉罕：

> 你带着你的儿子，就是你独生的儿子，你所爱的以撒，往摩利亚地去，在我所要指示你的山上，把他献为燔祭。(《创世记》22:2)

作为上帝忠实的仆人，亚伯拉罕坐着驴子带着以撒出发了，两个仆人带着献祭用的柴火同行。

旅行的第三天，亚伯拉罕看到了献祭的地方，把驴子和两个仆人都留在后面。他让以撒背着柴火，自己带着火石和刀。当以撒问，"火与柴都有了，但燔祭的羊羔在哪里呢？"(《创世记》22:7)亚伯拉罕回答，"我儿，神必自己预备作燔祭的羊羔"(《创世记》22:8)。

亚伯拉罕建了个祭坛，把柴铺好，然后他把以撒绑起来，把他放到祭坛的柴上。当他拿起刀要杀死儿子的时候，

> 耶和华的使者从天上呼叫他说："亚伯拉罕，亚伯拉罕！"他说："我在这里。"天使说："你不可在这童子身上下手，一点不可害他。现在我知道你是敬畏神的了，因为你没有将你的儿子，就是你独生的儿子，留下不给我。"亚伯拉罕举目观看，不料，有一只公羊，两角扣在稠密的小树中。亚伯拉罕就取了那只公羊来，献为燔祭，代替他的儿子。(《创世记》22:11—13)

然后亚伯拉罕因为他的忠诚得到了回报，天使从天空中再一次喊他：

> 耶和华说："你既行了这事，不留下你的儿子，就是你独生的儿子，我便指着自己起誓：论福，我赐大福给你；论子孙，我必叫你的子孙多起来，如同天上的星，海边的沙。你子孙必得着仇敌的城门，并且地上万国都必因你的后裔得福，因为你听从了我的话。"(《创世记》22:16—18)

如果这个博弈被看作是亚伯拉罕和上帝之间的博弈，那么亚伯拉罕有两个策略选择：

1. 献上以撒：O。

2. 不献上以撒：Ō。

反过来，上帝也有两个策略选择：

1. 撤回命令（如果以撒被献上）/仁慈（如果以撒没有被献上）：R。

2. 不撤回命令/不仁慈：R̄。

上帝的第一选择是一个协同反应，暗示着不管亚伯拉罕做什么上帝都想要考验他。另一方面，上帝的第二选择的意思是他命令献祭以撒是十分认真的。博弈双方的这些策略选择的结果，在图 3.1 的结果矩阵中用语言进行了总结。比如，如果亚伯拉罕不想牺牲以撒，而上帝也不仁慈，那么以撒的命运（和亚伯拉罕一样）将无法确定（见图 3.1）。

	上帝	
	撤回命令（如果以撒被献上）/ 仁慈（如果以撒没有被献上）：R	不撤回命令/不仁慈：R̄
献上以撒：O 亚伯拉罕	亚伯拉罕是忠诚的　　　a(4，4) 上帝是仁慈的　　　　　b(4，4) 以撒得救　　　　　　　c(4，4)	亚伯拉罕是忠诚的　　　a(4，4) 上帝是坚决的　　　　　b(2，3) 以撒牺牲了　　　　　　c(1，3)
不献上以撒：Ō	亚伯拉罕是抗拒的　　　a(2，1) 上帝是仁慈的　　　　　b(3，1) 以撒得救　　　　　　　c(3，1)	亚伯拉罕是抗拒的　　　a(1，2) 上帝是坚决的　　　　　b(1，2) 以撒的命运未定　　　　c(2，2)

注：
(x，y)＝（亚伯拉罕，上帝）
4＝最优；3＝次优；2＝较差；1＝最差
a. 亚伯拉罕无论怎么样都忠诚：偏好"献上"而不是"不献上"
b. 亚伯拉罕有点动摇：偏好上帝"撤回命令/仁慈"，而不是"不撤回命令/不仁慈"
c. 亚伯拉罕严重动摇：以撒的命最重要——和上面的 b 相同，但是如果上帝是坚决的，则偏好"不献上"

图 3.1　亚伯拉罕的牺牲的结果矩阵

因为上帝的行动在亚伯拉罕之后，上帝完全知晓了亚伯拉罕的策略选择(O或者$\overline{O}$)，这个博弈用矩阵形式来正确表达就是一个2×4的博弈(亚伯拉罕有2个策略，而上帝有4个)，这些我都将简要分析。出于评估四个可能发生的结果的目的，2×2的形式也将被使用。

和本书的第2章一样，在我的评估中我将对每个博弈者的结果从最优到最差进行排序，但不附加数值，"4"代表最优，"1"代表最差。我想，上帝应该偏爱亚伯拉罕能献祭以撒来显示信仰，所以图3.1的结果矩阵中，第一行的OR和O$\overline{R}$是他最偏爱的两个结果。假设亚伯拉罕选择了O，我想上帝会偏爱去考验亚伯拉罕(R)(圣经说他想)但并不真的会让以撒被献祭($\overline{R}$)，所以对于上帝来说OR＝4，而O$\overline{R}$＝3。然而，如果亚伯拉罕不献上以撒($\overline{O}$)，我想上帝会偏向于不放过，所以$\overline{O}R$＝2，$\overline{O}\overline{R}$＝1。考虑到这些假设，我现在想要说明下，当亚伯拉罕的信仰有所动摇时，他们理性地进行博弈会有什么结果。

在图3.1的注以及图3.2中，我简要地描述了关于亚伯拉罕偏好排序的三种不同假设的特点。在图3.2中，我还给出了正确表示这个博弈的2×4形式，它反映了这个事实——亚伯拉罕采取第一步行动，他可以选择献上或者不献上以撒。另一方面，上帝只能在亚伯拉罕作出选择之后行动，因此取决于亚伯拉罕的选择，上帝有4个可能的策略选择：

1. R/R无论怎样都仁慈：如果以撒被献上，就撤回命令，如果没有被献上，就仁慈。

2. $\overline{R}$/$\overline{R}$无论怎样都坚决：如果以撒被献上，不撤回命令，如果没有被献上，就不仁慈。

3. R/$\overline{R}$针锋相对：如果以撒被献上，则撤回命令，如果不献上，则不仁慈。

4. $\overline{R}$/R逆来顺受：如果以撒被献上，则不撤回命令，如果不献上，则仁慈。

就如同图 2.2 为"约束博弈"建立了博弈树,我们也可以照此关于亚伯拉罕偏好的不同假设来建立博弈树。更为复杂的"惩罚博弈",其博弈树(图 2.8)采用"倒推推理"论证的方法,如果我们也使用这样的方法,那么每一个偏好假设都可以确定理性的结果,那就不用在图 3.2 的 2×4 的回报矩阵中寻找占优策略了。

a. 亚伯拉罕无论怎么样都忠诚:不管上帝随后选什么[撤回命令/仁慈(R)或者不($\overline{R}$)]亚伯拉罕都选择献上以撒(O)。

	上帝			上帝		
	R	$\overline{R}$	R/R	$\overline{R}/\overline{R}$	R/$\overline{R}$	$\overline{R}$/R
亚伯拉罕　O	(4, 4)	(3, 3)	(4, 4)	(3, 3)	(4, 4)	(3, 3)	——献上占优
$\overline{O}$	(2, 1)	(1, 2)	(2, 1)	(1, 2)	(1, 2)	(2, 1)

针锋相对策略占优

b. 亚伯拉罕有些动摇:不管亚伯拉罕选什么[献上(O)或者不献上($\overline{O}$)]他都偏好上帝随后能撤回命令/仁慈(R)

	上帝			上帝		
	R	$\overline{R}$	R/R	$\overline{R}/\overline{R}$	R/$\overline{R}$	$\overline{R}$/R
亚伯拉罕　O	(4, 4)	(2, 3)	(4, 4)	(2, 3)	(4, 4)	(2, 3)
$\overline{O}$	(3, 1)	(1, 2)	(3, 1)	(1, 2)	(1, 2)	(3, 1)

都不是占优策略必须预见上帝的选择

针锋相对策略占优

c. 亚伯拉罕严重动摇:和上面的(b)一样,但是假设上帝是坚决的($\overline{R}$),那么亚伯拉罕还是偏好不献上以撒($\overline{O}$)。

	上帝			上帝		
	R	$\overline{R}$	R/R	$\overline{R}/\overline{R}$	R/$\overline{R}$	$\overline{R}$/R
亚伯拉罕　O	(4, 4)	(1, 3)	(4, 4)	(1, 3)	(4, 4)	(1, 3)
$\overline{O}$	(3, 1)	(1, 2)	(3, 1)	(2, 2)	(2, 2)	(3, 1)

都不是占优策略必须预见上帝的选择

针锋相对策略占优

注:
(x, y)＝(亚伯拉罕,上帝)
4＝最优;3＝次优;2＝较差;1＝最差
圈出的是理性的结果

图 3.2　亚伯拉罕的牺牲的回报矩阵

然而,我还是偏向于分析这个回报矩阵,是出于两个原因:(1)他们并不复杂;(2)他们立刻就能显示,是一个博弈者有占优策略,还是两个博弈者都有,从而博弈的一方是否必须作出依赖对方情况而定的策略计算。在博弈树中,如果我们不首先去做倒推式的理性计算,我们就无法看清这种可能的依赖;因此,相互依赖的计算更容易通过矩阵的形式来突出。另一方面,当博弈者超过两个时,或者在同一步上有两种策略选择时,回报矩阵很快就显得笨拙,而博弈树的分析就容易得多。因此取决于他们的复杂性,我将交叉使用矩阵和博弈树来进行分析。

对于亚伯拉罕的三种不同的偏好假设,分别有什么样的含义呢? 如我在图 3.2 中所示的,假设亚伯拉罕可能:(a)无论如何都忠诚,(b)有些动摇,(c)严重动摇,这些假设似乎是合理的。这些假设在运用的时候有如下的解释:

a. 亚伯拉罕都偏好献上以撒(O),不管上帝随后选什么。当然,亚伯拉罕会偏好上帝撤回献祭以撒的命令(R),这样 OR=4 而 O$\bar{\text{R}}$=3,因此上帝和亚伯拉罕的前两个偏好是相同的。如果亚伯拉罕没有献上以撒($\bar{\text{O}}$),他希望在他这么做后上帝能放过(R),由此以撒得救,那么对于亚伯拉罕,$\bar{\text{O}}$R=2,而$\bar{\text{O}}\bar{\text{R}}$=1。

b. 不管亚伯拉罕选什么,他都希望上帝随后会撤回命令/仁慈(R)。因为亚伯拉罕是想通过献上以撒(O)而显示他的信仰,所以 OR=4,$\bar{\text{O}}$R=3。然而,如果上帝态度坚决($\bar{\text{R}}$),那么亚伯拉罕将会献上以撒(O),以显示他的信仰,所以 O$\bar{\text{R}}$=2,$\bar{\text{O}}\bar{\text{R}}$=1。

c. 和上面的(b)一样,但此时假设上帝态度坚决($\bar{\text{R}}$),亚伯拉罕将偏向于不献上以撒($\bar{\text{O}}$)——也许他希望这会拯救他的儿子的性命,即使他自己会遭受惩罚,所以 $\bar{\text{O}}\bar{\text{R}}$=2, O$\bar{\text{R}}$=1。这种假设实际上的意思是,以撒的生命最重要——亚伯拉罕最糟糕的结果将是以撒被献上而上帝并没有阻止他的献祭。

我为亚伯拉罕定下的这些不同的偏好假设,它们的博弈理论的含义是什么呢?

首先,注意到在图 3.2 中所有三个 2×4 的回报矩阵中,上帝的"针锋相对"策略都是占优的,或者说都是无条件最佳的。然而,只有在(a)的假设下,亚伯拉罕才有一个占优策略:献上以撒。亚伯拉罕的占优策略(O)和上帝的占优策略(R/R̄)交叉,产生了对双方博弈者都最优的结局(4,4)。当然,这正是实际上在这个博弈中被选择的结果。

双方博弈者在(b)和(c)的假设下的最好的结果也是(4,4),但是在这些情况下,一个动摇的亚伯拉罕不再有明确的选择。在(b)和(c)的假设下他没有一个占优策略,因此,为了能够决定他最好的选择,亚伯拉罕必须预见到上帝将会选择的策略。

那么,上帝作为一个理性的博弈者将会采取什么策略呢?因为上帝的 R/R̄ 的"针锋相对"策略在(b)和(c)假设下是占优策略,所以我假设他会选择这个。预见到上帝的"针锋相对"策略,亚伯拉罕在这两种情况下选择献上(O)而得到更好的回报(4),而不是选择 Ō,因为后者将会在(b)和(c)的假设下分别给他带来回报(1)和回报(2)。

那么如果亚伯拉罕是理性的,想来他将选择 O。亚伯拉罕选择 O,上帝选择 R/R̄,将再一次导致双方得到他们最好的结果(4,4);但是,达成结果的过程是不一样的。具体来讲,在(b)和(c)的偏好假设下,一个动摇的亚伯拉罕,必须首先预见到上帝的理性的(占优的)策略,然后再决定对自己最有利的行动。对比而言,在假设(a)中,亚伯拉罕没有必要作这样的计算,因为他自己有占优策略——一个不必受限于上帝接下去可能会选什么的最佳选择——也因此能理性行动而无需知道任何关于上帝的偏好和由它们引起的选择。

从亚伯拉罕的献祭的分析中,我得出的结论是,信仰上帝可以使圣经人物经常面对的困难选择变得更加容易一些。至少在亚伯拉罕的例子中,信仰,意味着他不必考虑，当他采取最有利自己的行动——也就是遵从上帝时，上帝会有什么反应。

事实上，盲目地遵从上帝，就好比是在一个占优策略下行动——一个无条件最优的选择——不需要关于另一个博弈者的详细的偏好信息，更不需要预见对方会选择什么策略。另一方面，当人物对上帝的信仰不再盲目的时候，他就需要有更多精确的计算，来确保如何理性地行动。虽然在这两种情况中，他的策略选择可能是相同的，但是在第二种情况下，既需要获得偏好信息，又需要精确地处理信息，就这些而言，对作出策略选择的逻辑过程有了更高的要求。

要证明亚伯拉罕的确是理性地行动了，重要的一点就是要确定，在我假设的他参与的三个博弈中，亚伯拉罕已经知道了上帝的偏好，或者已经得到了一些暗示。可以肯定的是，在亚伯拉罕的偏好假设(a)的情况中，他是否知道上帝的偏好并不重要，因为他有一个占优策略，从定义上来讲是理性的，不管上帝随后作出什么选择。但是在(b)和(c)假设的情况中，亚伯拉罕知道上帝的偏好，从而在这些假设所定义的博弈中进行理性行动，这就很重要了。然而事实上，对于一个有些动摇或者严重动摇的亚伯拉罕来说，他能相信，上帝的态度要么是"无论怎样都仁慈"(R/R)，要么是"针锋相对"(R/$\overline{\text{R}}$)，这就已经足够了，因为这两种态度都暗示亚伯拉罕应该献上以撒(O)。

在我看来，亚伯拉罕怀有这种信念是有良好理由的。在之前的几个场合，上帝对亚伯拉罕都很大度，此外还告诉他：

> 我必叫你成为大国。我必赐福给你，叫你的名为大，你也要叫别人得
>
> 福。(《创世记》12:2)

> 我也要使你的后裔如同地上的尘沙那样多，人若能数算地上的尘沙，
>
> 才能数算你的后裔。(《创世记》13:16)

"你向天观看,数算众星,能数得过来吗?"又对他说,"你的后裔将要如此。"(《创世记》15:5)

我已立你作多国的父。我必使你的后裔极其繁多,国度从你而立,君王从你而出。我要与你并你世世代代的后裔坚立我的约,作永远的约,是要作你和你后裔的神。(《创世记》17:5—7)

说到亚伯拉罕的妻子撒莱(Sarai)——后来改名撒拉(Sarah),很多年都没有生育,上帝对亚伯拉罕说:

我必赐福给她,也要使你从她得一个儿子。我要赐福给她,她也要作多国之母,必有百姓的君王从她而出。(《创世记》17:16)

当然,儿子就是以撒,撒拉在 90 岁的时候生下他(当时亚伯拉罕 100 岁)。上帝又说:

我要与他坚定所立的约,作他后裔永远的约。(《创世记》17:19)

有了所有的这些保证,我们能想象亚伯拉罕会相信上帝要他献祭以撒吗? 他可是无数后代的祖先。

我的回答是,这是可以想象的,考虑到这是个坚定正直的(也许有些轻信的)亚伯拉罕。但是我们也可以想象成亚伯拉罕怀疑他只是在被考验,所以做出这样的计算——在这样的情况下,献上以撒,对他来说是理性的。

亚伯拉罕有这种想法,可以用他早期的一个故事来说明。他曾让撒拉假装是他的妹妹,因为撒拉非常美貌,亚伯拉罕担心,如果他是她丈夫的事情被别人知道,埃及人就会杀死他,这样法老就能娶她为妻。[1]事实上,法老确实因为这个谎言上了当,娶了撒拉为妻,但是后来法老遭遇不幸真相大白的时候,他愤怒地命令这一对伪装成非夫妻的两个人离开埃及。

　　我提供这段背景信息，是想说明我们虽然很难确切地说出亚伯拉罕在进行什么博弈，但是我们也完全可以想象，亚伯拉罕对于上帝的偏好是知道一些的，也因此意识到自己的确是博弈中的一方。在我看来，我假设的三个博弈，都为亚伯拉罕向上帝献祭以撒，提供了合理的博弈理论的解释。一个是基于一个毫不动摇的亚伯拉罕的盲目信仰，另外两个是基于一个有所顾忌的父亲的更加精确的计算。因为所有的博弈都得出了对于亚伯拉罕的相同的理性选择（O），他们并没有真正地考验出亚伯拉罕的信仰的"盲目性"。

　　因此，虽然上帝对亚伯拉罕令人心痛的考验，成功地肯定了亚伯拉罕会遵守他的命令——无论命令有多么可怕——亚伯拉罕很可能也不是出于信仰才这么做。所以，假设亚伯拉罕知道上帝的偏好并且是理性的话，上帝的考验并不能完全排除对亚伯拉罕的信仰的怀疑。我接下去要说明的是，在另一个有不同结局的献祭博弈里，假设博弈者思想存在动摇时，在一种情况中，信仰将有别于一个更加精确的博弈理论的理性，而在另一个情况中则没有。

3.3　耶弗他牺牲女儿

　　《士师记》第11章说，耶弗他是个英勇的战士。他的母亲是妓女，他被他父亲的其他婚生的儿子们从基列的家里赶了出来。在陀伯的乡下他安顿下来，"有些匪徒到他那里聚集，与他一同出入"（《士师记》11:3）。然而基列的长老们，面对亚扪人（Ammonites）的进攻，要耶弗他回来并寻求他的帮助。耶弗他同意了，条件是胜利以后要任命他为基列的领袖。

长老们同意了,然后耶弗他想去和亚扪人谈判,但是谈判没有着落。耶弗他被迫要打仗,他对上帝作出了如下的发誓:

> 你若将亚扪人交在我手中,我从亚扪人那里平平安安回的时候,无论什么人,先从我家门出来迎接我,就必归你,我也必将他献上为燔祭。
>
> (《士师记》11:30—31)

作了这个重大誓言后,亚扪人被耶弗他击溃,向以色列人投降。让耶弗他十分沮丧的是,他刚回到家的时候,他的女儿——他唯一的孩子"拿着鼓跳舞"(《士师记》11:34),出门迎接了他! 他的心碎了,他撕裂了衣服,对女儿说:"哀哉! 我的女儿啊,你使我甚是愁苦,叫我作难了,因为我已经向耶和华开口许愿,不能挽回。"(《士师记》11:35)

耶弗他的女儿只能向命运低头,她悲哀地请求推迟两个月再献祭她,这样,她和她的朋友能够"在山上,好哀哭我终为处女"(《士师记》11:37)。耶弗他满足了她的愿望,但是两个月结束时他坚决地兑现了誓言。圣经说,此后以色列有了一个风俗,未婚女子每年有 4 天哀悼日,为耶弗他的女儿唱挽歌来纪念这个悲剧。

很清楚在耶弗他这个例子中,上帝没有想要考验谁的心情,反而是动了真格。但是这关于上帝的偏好说明了什么呢,如何将这个转变为上帝和耶弗他在他们之间进行的博弈的选择呢?

我想说,在这个博弈中,上帝的偏好至少有两个解释。我把一个叫作"让别人展示信仰",另一个叫作"自身怀有恶意"。在亚伯拉罕献祭的例子中,我们还能想起来,上帝想让亚伯拉罕通过献上以撒来显示他的信仰,但是当亚伯拉罕真的这么做了,上帝却偏好撤回他的命令。现在,在这个"让别人展示信仰"的解释下,我想上帝应该想让耶弗他献上女儿,耶弗他也由此完成他的誓言;但是,当耶弗他献上女儿时，我认为上帝却偏好让这个献祭被完成（见图 3.3）。注意到，这些博弈和图 3.2 中显示的那些博弈的唯一差别，是上帝在回报矩阵的第一行中的“4”和“3”交换了位置。

a. 耶弗他无论怎么样都忠诚：不管上帝随后选什么[撤回命令/仁慈（R）或者不（$\bar{R}$）]耶弗他都选择献上（O）

		上帝		上帝				
		R	$\bar{R}$	R/R	$\bar{R}/\bar{R}$	R/$\bar{R}$	$\bar{R}$/R	
耶弗他	O	(4, 3)	(3, 4)	(4, 3)	**(3, 4)**	(4, 3)	(3, 4)	←献上占优
	$\bar{O}$	(2, 1)	(1, 2)	(2, 1)	(1, 2)	(1, 2)	(2, 1)	

↑无论如何都不撤回命令/不仁慈占优

b. 耶弗他有些动摇：不管耶弗他选什么[献上（O）或者不献上（$\bar{O}$）]他都偏好上帝随后能撤回命令/仁慈（R）

		上帝		上帝				
		R	$\bar{R}$	R/R	$\bar{R}/\bar{R}$	R/$\bar{R}$	$\bar{R}$/R	
耶弗他	O	(4, 3)	(2, 4)	(4, 3)	**(2, 4)**	(4, 3)	(2, 4)	都不是占优策略，必须预见上帝的选择
	$\bar{O}$	(3, 1)	(1, 2)	(3, 1)	(1, 2)	(1, 2)	(3, 1)	

↑无论如何都不撤回命令/不仁慈占优

c. 耶弗他严重动摇：和上面的（b）一样，但假设上帝不仁慈（$\bar{R}$），那么耶弗他还是偏好不献上（$\bar{O}$）

		上帝		上帝				
		R	$\bar{R}$	R/R	$\bar{R}/\bar{R}$	R/$\bar{R}$	$\bar{R}$/R	
耶弗他	O	(4, 3)	(1, 4)	(4, 3)	(1, 4)	(4, 3)	(1, 4)	都不是占优策略，必须预见上帝的选择
	$\bar{O}$	(3, 1)	(2, 2)	(3, 1)	**(2, 2)**	(2, 2)	(3, 1)	

↑无论如何都不撤回命令/不仁慈占优

注：
(x, y)＝(耶弗他，上帝)
4＝最优；3＝次优；2＝较差；1＝最差
圈出的是理性的结果

图 3.3　耶弗他牺牲的回报矩阵：对上帝偏好的“让别人展示信仰”的解释

为什么上帝的心情变了呢？因为自亚伯拉罕的时代起，以色列人在征服迦南之前和之后,都已经给上帝造成了很多痛苦(第 5 章和第 7 章将讨论);于是上帝也不想去同情像耶弗他这样的轻易发严肃誓言的人。耶弗他能否预见这个问题,还是说他只记得亚伯拉罕经历的考验,这都很难说(然而据信,耶弗他的故事写于亚伯拉罕的故事之前,所以先例是否有意义也存在疑问)。无论怎样,为了进行随后的分析,我将假设,耶弗他预见到了上帝可能对于他的情况不是那么同情——因为我早就在亚伯拉罕的故事中分析过了,如果认为上帝的意图是更加仁慈的话,这会产生什么样的结果。

我假设耶弗他的三个不同的偏好的排序和之前亚伯拉罕的一样:(a)无论如何都忠诚,(b)有些动摇,(c)严重动摇。图 3.3 中显示了这些关于耶弗他偏好的三种解释,来说明之前描述过的上帝偏好“让别人展示信仰”的解释。

在耶弗他的偏好的三种解释中,上帝都有一个无论如何都不仁慈的占优策略。通过结果显示可以观察到,耶弗他献上女儿时上帝会接受自己的最优结果(4)而不是次优结果(3),上帝的理性策略选择将从有条件的合作(“针锋相对”)变成无条件的不合作(“无论如何都不仁慈”)。

在解释(a)中,当耶弗他无论如何都忠诚时,他就像亚伯拉罕一样,有一个献上孩子的占优策略,当上帝接受时,他得到次优的结果(3)。和亚伯拉罕一样,如果耶弗他有些动摇而上帝并不满意时,结果更差(2);在解释(b)中,为了避免最差的结果(1),他必须预见上帝的占优策略选择,因为他自己没有。

因此,如果信仰不能支持耶弗他,假如他不是动摇得很严重的话,博弈理论的理性可以支持他。然而,如果耶弗他动摇得更多一些[在解释(c)中],他的理性选择就是不献上他的女儿。然而上帝和耶弗他都不会对(2,2)的结果表示满意,尤其是因为他们本可以得到更好的结果——如果他们选择那些和(4,3)结果相关的策略的话。

和著名的囚徒困境博弈类似,这个博弈的问题是,两个博弈者的理性选择将导致的结果——比如(2,2),对于双方来说,都次于某些其他的结果——比如(4,3)。② 然而,图3.3(c)的回报矩阵中,更好的结果是不稳定的:一旦选择了任意一个(4,3)的结果,上帝就有动机将他的策略转到 $\overline{R}/\overline{R}$ 或 $\overline{R}/R$,从而导致(1,4)结果,这是上帝的最优结果但却是耶弗他的最差结果。因此,耶弗他从一开始就不会选择策略O。

但是,这个博弈和囚徒困境博弈的不同之处,在于博弈的一方有占优策略,而不是双方都有。耶弗他没有占优策略,所以当他选择献祭女儿而上帝没有撤回命令的话,他将得到最差结果(1),他必须预见上帝的占优策略才能避免这个结果。

可是耶弗他并没有拒绝完成他的誓言,所以解释(c)实际上无法解释这个博弈中博弈者的实际选择。另一方面,解释(a)和解释(b)是可行的,这两个说法意味着,当上帝偏好用献祭而非不献祭来"让别人展示信仰"的时候,耶弗他的献祭既可以解释为出于"信仰"也可以是出于"理性"。但是上帝偏好"让别人展示信仰"的解释在亚伯拉罕的例子中不能成立,因为,上帝在图3.3中的三种解释下的理性的策略选择,都是"无论如何都不仁慈",而当以撒被献上时他当然没有这么做。

如果上帝更"自身怀有恶意"的话,当耶弗他严重动摇的时候,上帝还能得到更好的结果。图3.4的解释(c)就说明了这一点——将这个图中圈出的结果(2,3)和图3.3的(c)假设中圈出的结果(2,2)比较。在上帝的偏好"自身怀有恶意"的解释中,我不再像图3.3(图3.2)的解释那样,假设上帝最偏好让耶弗他献祭他的女儿。相反,我假设上帝最喜欢不仁慈($\overline{R}$),这样当耶弗他献祭(O)时,上帝得到最优结果(4),当耶弗他不献祭时($\overline{O}$),上帝得到次优结果(3)。注意到图3.3和图3.4的唯一差别是,上帝的偏好排序"3"和"2"在回报矩阵中的位置互换了。

a. 耶弗他无论怎么样都忠诚:不管上帝随后选什么[撤回命令/仁慈(R)或者不($\overline{R}$)]耶弗他都选择献上(O)

	上帝		上帝			
	R	$\overline{R}$	R/R	$\overline{R}/\overline{R}$	R/$\overline{R}$	$\overline{R}$/R
耶弗他 O	(4, 2)	(3, 4)	(4, 2)	(3, 4)⃝	(4, 2)	(3, 4)	← 献上占优
$\overline{O}$	(2, 1)	(1, 3)	(2, 1)	(1, 3)	(1, 3)	(2, 1)

↑
无论如何都不撤回命令/不仁慈占优

b. 耶弗他有些动摇:不管耶弗他选什么[献上(O)或者不献上($\overline{O}$)]他都偏好上帝随后能撤回命令/仁慈(R)

	上帝		上帝			
	R	$\overline{R}$	R/R	$\overline{R}/\overline{R}$	R/$\overline{R}$	$\overline{R}$/R
耶弗他 O	(4, 2)	(2, 4)	(4, 2)	(2, 4)⃝	(4, 2)	(2, 4)
$\overline{O}$	(3, 1)	(1, 3)	(3, 1)	(1, 3)	(1, 3)	(3, 1)

}都不是占优策略,必须预见上帝的选择

↑
无论如何都不撤回命令/不仁慈占优

c. 耶弗他严重动摇:和上面的(b)一样,但假设上帝不仁慈($\overline{R}$),那么耶弗他还是偏好不献上($\overline{O}$)

	上帝		上帝			
	R	$\overline{R}$	R/R	$\overline{R}/\overline{R}$	R/$\overline{R}$	$\overline{R}$/R
耶弗他 O	(4, 2)	(1, 4)	(4, 2)	(1, 4)	(4, 2)	(1, 4)
$\overline{O}$	(3, 1)	(2, 3)	(3, 1)	(2, 3)⃝	(2, 3)	(3, 1)

}都不是占优策略,必须预见上帝的选择

↑
无论如何都不撤回命令/不仁慈占优

注:
(x, y)＝(耶弗他,上帝)
4＝最优;3＝次优;2＝较差;1＝最差
圈出的是理性的结果

图 3.4 耶弗他牺牲的回报矩阵:对上帝偏好"自身怀有恶意"的解释

和图 3.3 的"展示信仰"的解释一样,上帝总是有一个"无论如何都不仁慈"的占优策略($\overline{R}/\overline{R}$)。一个盲目信仰或有些动摇的耶弗他会选择献祭他的女儿,证实了圣经中所说的选择,但是,如果耶弗他有些动摇,为了作出他的理性选择,他必须预见到上帝的占优策略。和上帝偏好"让别人展示信仰"的解释一样,一个严重动摇的耶弗他和一个自身怀有恶意的上帝进行博弈时，他都不会献祭他的女儿，所以无论是"让别人展示信仰"中的解释(c)还是"自身怀有恶意"中的解释(c)，都不能在这个博弈中合理地解释圣经中的结果。

总结一下，和亚伯拉罕的例子相比较，在这个献祭耶弗他女儿的博弈中，要解释耶弗他和上帝的选择时，必须假设上帝不那么仁慈。当然，为了合理解释这个博弈中博弈者的选择，也没有必要去假设上帝完全是出于恶意的——他的两个最优结果都和达成耶弗他的誓言相关。事实上，给予耶弗他女儿两个月的缓刑也支持了上帝可以容忍拖延一些时间的说法。

和亚伯拉罕的献祭一样，"信仰"和"理性"都可以构成耶弗他献祭的可能解释。然而，在耶弗他的例子中，只有当耶弗他有些动摇的时候，"理性"的解释才行得通——如果上帝态度坚决，那么耶弗他偏向于献祭他的女儿。其他情况下"理性"的解释行不通。* 因此，一个有同情心的上帝给予圣经人物（亚伯拉罕）更多的自由权，** 而一个不怎么有同情心的上帝也会把机会给一个动摇的人（耶弗他），让他来作出理性选择从而避免他最糟糕的结果发生。

3.4　其他的解释和总结

毋庸置疑，不是所有的分析家都认为我在本章分析的圣经故事中，理性的计算发挥着作用。举例来说，克尔凯郭尔（Kierkegaard）从"自觉"角度分析以撒的故事，惊人地长篇大论了一番。他认为亚伯拉罕在遵从上帝，还是拒绝牺牲儿子的生命

---

　* 当耶弗他严重动摇的时候，理性将使他选择不献祭。——译者注
　** 意思是亚伯拉罕可以不动摇，也可以有些动摇或严重动摇。——译者注

之间，没有一个可靠的选择依据。亚伯拉罕不过是出于极度的恐惧，从而使得他的信仰高于一切的行动显得更加的辉煌和勇敢。③而科拉科夫斯基则贬低这种说法，说亚伯拉罕只不过是简单地听从上帝的命令：

> 上级不会习惯于对下级解释命令。命令的本质是，它必须被执行，因为它是命令，也不是因为它是合理的，可以预示成功的，或者是通过精心思考得出的。从来没有要求说执行者需要理解它的意义；如果是，它将不可避免地导致无秩序和混乱。一个询问命令意义的下级是骚乱的播种者，是一个徒劳的争辩者。说到底，他是一个聪明的傻子，是权威、社会秩序和统治阶级的敌人。④

科拉科夫斯基以他常用的调侃的方式，接着用"亚伯拉罕搞砸了献祭"来美化以撒的故事。科拉科夫斯基坚持说，以撒发现了父亲的意图后，"再也无法从震惊中恢复过来"⑤。

克尔凯郭尔也提供了一个情节，说亚伯拉罕没有隐藏他的意图。⑥的确，犹太评论家拉希（Rashi）也很清楚地说，以撒问献祭的羊羔在哪里时，亚伯拉罕回答说："我儿，上帝必自己预备作燔祭的羊羔。"（创世记 22：8）以撒就知道他将会被谋杀。⑦

如果以撒知道自己命悬一线，他也许可能作为一个博弈者，和亚伯拉罕和上帝一起参与到一个更加复杂的三人博弈中来。然而在我看来，就算以撒意识到他将被献祭，这个博弈被模型化为两个主要博弈者——亚伯拉罕和上帝之间进行的博弈，也已经足够且更加精炼。

我也想提出，耶弗他的献祭实质上也是一个两人博弈，但是在这个故事中，毫无疑问，耶弗他的女儿不仅意识到了她的命运，同时也正因为如此临时得到了一个缓刑，虽然她的先见之明并没有影响最终的结果。

关于《旧约》中献祭故事的意义和博弈者们的本性，博弈理论阐明了什么呢？首先，我相信，我呈现的博弈理论的解释，为圣经中的人类人物基于他们的偏好以及另一个博弈者上帝的可以被知晓的偏好所作出的选择，提供了合理的可选的解释。特别是，如果亚伯拉罕和耶弗他都完全是上帝的忠实仆人，他们自己的偏好就足以指导他们的行动。⑧但是，如果亚伯拉罕和耶弗他动摇，他们就不再有占优策略了，反而是，他们必须预见上帝的占优策略的选择——基于上帝的偏好，自己才能理性地行动。

在亚伯拉罕的例子中，如果上帝是有同情心的，亚伯拉罕如果严重动摇却仍然献祭儿子，仍属于理性的行动。而在耶弗他的例子中，如果上帝不是那么同情的，有些动摇是可以的，但是，考虑到我为上帝假设的两组偏好，*且耶弗他能够意识到这些，如果耶弗他看重女儿的生命胜于其他的一切，**那么他去献祭女儿就不是理性的。而因为耶弗他事实上完成了他的誓言，博弈理论的分析提示了他对上帝更加忠诚（或害怕）。

然而，就亚伯拉罕的例子而言，即使考虑到我假设的人的偏好的不同，我们仍无法肯定圣经人物是盲目信仰的还是动摇的。因此，对他们行动的一个可选的主要解释也许是，他们真的的确是动摇了，但是预见到上帝的理性策略，他们被自己的理性强迫，通过献祭他们的孩子来表示信仰。对于这位父亲来说，其中一种情况的结果显然是有利的，但在另一种情况中这令人心碎。

可是对于耶弗他来说，这甚至也不能说明他的行动是非理性的——他反而似乎是被卷入了一个真正可怕的博弈中。也许耶弗他的故事是"一个例外，不能在以

――――――――――

　*　即之前提到的上帝偏好"让别人展示信仰"或偏好"自身怀有恶意"。——译者注
　**　意即"严重动摇"。——译者注

色列被当成是象征了人类被献祭的标准"⑨。不过,如果耶弗他没有作出他危险的誓言,想来他可能早已死于和亚扪人的战斗中。此外,他不仅在献祭之后又活了很多年,还赢得了其他的军事胜利,还成为了士师(圣经时代的政治军事领袖)一直到死。和欧里庇得斯(Euripides)的戏剧《奥里斯的伊菲格涅亚》(*Iphigenia in Aulis*)相关的希腊传说中有类似的情况,阿伽门农(Agamemnon)也在献祭他的女儿伊菲格涅亚(Iphigenia)后(暂时地)活了下来。⑩ *

似乎从我分析的故事里可以得出,上帝,可能是仁慈的,或是恶意的,甚至是心情矛盾的。然而,不管他的心情和偏好如何,将他的选择解释成他是博弈中的博弈者,似乎并不过分。事实上,当上帝面对一个人类博弈者,而后者关于上帝的偏好已得知,或者已经有所理解时,那么已经满足了条件,可以将他们的选择按照博弈来建立模型。

上帝和他的主要人物们是理性的行动者,并于这一点,我提供的大部分解释都和我所分析的献祭的故事的结果一致。只有当耶弗他严重动摇时,不管上帝的偏好被看成是"让别人展示信仰"还是"自身怀有恶意",博弈理论预计的结果和发生的结果都不同。这意味着,考虑到我假设的上帝的偏好且上帝的主要的人类人物能意识到这些偏好,一个严重动摇的耶弗他必须被排除,但却不一定是一个严重动摇的亚伯拉罕。在这两种例子中,对两个圣经人物都不必用盲目的信仰来解释他们在极其困难的个人情况中作出的选择。信仰不一定是驱动这些人物的发动机——这个事实,我相信,给这些博弈的结果提供了一个可选的解释。

从一个故事到另一个故事,上帝的心情有所改变,显得反复无常——在一个场合是谅解的和同情的,在另一个场合是生气的、恶意的。然而,即使上帝并不总是

---

* 阿伽门农的妻子怨恨丈夫轻易舍弃女儿性命,在 10 年后刺杀了阿伽门农。——译者注

显得很冷静或者性情平和,我认为这些和他的理性也都没有什么关系。问题在于,假设上帝的心情和偏好——无论是多么的不稳定,他和他的主要人物们在博弈中作出的选择,能与自己的偏好一致吗?

我分析的两个故事提供了证据,且被"信仰"和"理性"的论点所支持,证明他们的选择能与偏好一致。然而,这两个论点的差别是,信仰,虽然是理性的,从计算的角度来说不属于博弈理论:一个有信仰的人物,由于有一个占优策略,他不需要考虑其他人的做法而只需要顾及自己的偏好。不管"信仰"表达的是一个人物对上帝是信任还是害怕,它都使他盲目地行动,由此也从他身上解除了精确计算的负担。可是我们也不能肯定,在这里分析的这两个故事中的两位父亲没有进行准确的计算。

【注 释】

① 另一种可替代的动机,强调亚伯拉罕希望能保护他的妻子而不是他自己,见 *The Anchor Bible*：*Genesis*, introduction, translation and notes by E. A. Speiser(Garden City, N.Y.：Doubleday & Company, 1964), pp.XL—XLI。不管亚伯拉罕的准确动机是什么,看起来他都没有超出计算之外。

② 关于"囚徒困境"的描述和它在政治上发生的例子,见 Steven J. Brams, *Paradoxes in Politics*：*An Introduction to the Nonobvious in Political Science*(New York：Free Press, 1976), chaps.4 and 8；and Steven J. Brams, *Games Theory and Politics*(New York：Free Press, 1975), chaps. 1 and 4。事实上,解释(a)和解释(b),和上帝偏好"恶意"的解释(a)、解释(b)和解释(c)(将要讨论的),说明了另外一种悖论:有占优策略的博弈者(上帝)比没有占优策略的博弈者(耶弗他)结果更糟。这种悖论被称为"诱因悖论",在 *Paradoxes in Politics* 一书的第五章中有讨论。它被发现于 1974 年所谓的白宫监听博弈中,尼克松总统和高等法院的法官伯格(Burger)和布莱克曼(Blackman),之后尼克松就在水门事件之后辞去了总统的职务。参见 Steven J. Brams, *The Presidential Election Game*(New Haven：Yale University Press, 1978), chap.5。

③ Søren Kierkegaard, *Fear and Trembling*, tr. Walter Lowrie(Princeton, N.J.：Princeton University Press，1954)。

④ Leszek Kolakowski, *The Key to Heaven*, tr. Celina Wieniewska and Salvator Attanasio(New York：Grove Press, 1972), p.18.

⑤ Ibid., p.19.卡夫卡(Franz Kafka)也取笑了亚伯拉罕的性格,说他"准备好立刻满足献祭的要求,他像一个服务生一样迅速,但是却不能够圆满地完成这件事,因他没法独善其身……圣经已经意识到这一点,在圣经中如是写道：'他把屋子整理得整整齐齐'。"(*Parables and Paradoxes*[New York：Schocken Books, 1958], p.41)。

⑥ Kierkegaard, *Fear and Trembling*, p.27.

⑦ *Rashi*：*Commentaries on the Pentateuch*, tr. Chaim Pearl(New York：W. W. Norton & Co., 1970), pp.51—52.事实上,在威尔弗雷德·欧文(Wilfred Owen)的反战诗歌《老人和年轻人的寓言》中,以撒被亚伯拉罕杀死了,诗中的老人"一个一个地拯救了欧洲的一半人口"。见 *The Collected Poems of Wilfred Owen*, ed. C. Day Lewis(Norfolk, Conn.：New Directions Books, 1964), p.42。波恩的某个名叫以法莲的拉比(Rabbi Ephraim),将亚伯拉罕的献祭写成了一首二十世纪的诗《Akedah》,对来源的详细分析和评论的解释,见 Shalom Spiegel, *The Last Trial*, tr. Judah Goldin(New York：Pantheon Books, 1967)。

⑧ 他们的占优策略,当然可能显示了对上帝的害怕,而不光是信仰,但是圣经提供的信息还不够说明亚伯拉罕和耶弗他可能存在的盲目信仰是因害怕而引发。然而,害怕的因素,在鲍勃·迪伦(Bob Dylan)的歌曲《重访 61 号高速公路》(Highway 61 Revisited)中有表述：

哦,上帝对亚伯拉罕说："把你儿子杀了给我。"

亚伯拉罕说："哥们,你言过其实了吧。"

上帝说："没有。"

亚伯拉罕说："什么?"

上帝说："你想怎么样就怎么样,但是下一次你最好别让我看到。"

亚伯拉罕说："好吧,你想让我在哪里献祭呢?"

ⓒ 1965 华纳兄弟公司。版权所有,授权使用。感谢杰弗里·T.里切尔森(Jeffrey T. Richelson)提供此条参考。

⑨ "Jephthah," in *Encyclopedia Judaica*(Jerusalem：Keter Publishing House, 1971), 9：1342.

⑩ 圣经叙述和希腊神话的差别,在荷马的作品里有举例说明,讨论见 Eric Auerbach, *Mimesis*：*The Representation of Reality in Western Literature*, tr. Willard R. Trask(Princeton, N.J.：Princeton University Press, 1953), chap.1。

第 4 章　家庭的冲突

4.1　引言

与其说圣经人物的信仰经受着残酷的考验,不如说他们在献祭自己的孩子时,对上帝的肯定是有条件的。献祭孩子对于父母来说是无法忍受的,但是当被迫作出选择时,亚伯拉罕和耶弗他都准备这样做。然而,就像我之前说明的,他们的对上帝的肯定也许也是出于一种理性,而不是盲目信仰。

虽然亚伯拉罕和耶弗他两家的孩子,使得故事中的冲突让人如此揪心,但是这些冲突都不算是真正的家庭冲突。更确切地说,这些冲突都是父亲们和上帝之间的,上帝是很多冲突——但当然不是圣经博弈中的所有冲突——的始作俑者。

我在本章分析的全部故事都来自《创世记》。这些故事都包含了兄弟之间的冲突,不过这大约是它们唯一的相同点了。我将讨论的第一个冲突,发生在该隐(Cain)与亚伯(Abel)之间。冲突导致了兄弟残杀,但是就跟之前的几个故事一样,谋杀者并不和他的受害者进行博弈,而是和上帝。然而,这个冲突引起的博弈虽然由上帝引发,却是发生在家庭内部,出于这个理由,我把它算作是一个家庭冲突。在第 3 章里面的两个献祭的故事就不是这样的情况,如果不考虑上帝的命令的话,那些父亲并没有和他们的孩子发生利益冲突。

在另外两个故事中,上帝的角色就不是那么重要了。以扫(Esau)与雅各(Jacob)的冲突有两个部分,第一部分只包括两兄弟,第二部分则涉及了父母。约瑟(Joseph)和他的兄弟们的冲突也涉及了他们的父亲雅各,但这个故事主要是兄弟间的背叛和欺骗。

我在本章专注于家庭冲突,不仅是因为它们在《旧约》中很突出,也因为它们很直接——很到位(it hits home)——字面含义和比喻含义都是如此。* 我们自己的家庭冲突也许不会达到这么激烈的程度——亚伯被杀或者约瑟被抛弃,但是不能否认,家庭内部的冲突对于家庭成员的生活在情感上有很大的影响。我要考察的问题是,这种充满情感的冲突,至少在圣经中,是否也是有同样的理性基础的。

4.2　该隐和亚伯

亚当和夏娃被从伊甸园赶出来以后,他们先是生了该隐,然后生了亚伯。该隐是农夫,亚伯是牧羊人。亚当和夏娃被逐出伊甸园之后,上帝似乎不愿甘于平淡,再一次为冲突的产生布置了条件:

> 有一日,该隐拿地里的出产为供物献给耶和华;亚伯也将他羊群中头生的和羊的脂油献上。耶和华看中了亚伯和他的供物,只是看不中该隐

---

* hit home 字面意思是"涉及家庭",比喻含义是"击中要害"。——译者注

和他的供物。该隐就大大地发怒,变了脸色。(《创世记》4:3—5)

不像第 2.4 节中讨论的亚当、夏娃和上帝之间的约束博弈,这一次,上帝并不是给人的选择设置规定然后等着人去违反,反而是直接插手了兄弟之间的事务,厚此薄彼,自然引起了受冷落之人的反抗。

确实,该隐献上的东西明显比亚伯的差,因为这只不过是"土产"(《创世记》4:3),而不像亚伯,献上的是"最好的"(《创世记》4:4)。可是,如果上帝觉得礼物太差很失望,那他为什么不说,却要拒绝该隐呢?当亚当和夏娃违反规定时,上帝可没有对自己的苦恼保持沉默。

事实上,我相信,上帝的主要动机,与其说是要惩罚该隐,不如说是为了打发他自己的无聊时光,他先是激起了兄弟间的妒忌,然后等待火花出现。如果这就是上帝的目的话,那么他就不会失望。

为了支持这个观点,我们考虑下,上帝在拒绝该隐的礼物并看到他的痛苦后,提了个让人费解的问题:

你为什么发怒呢?你为什么变了脸色呢?(《创世记》4:6)

上帝没有得到答案。我认为,上帝知道答案,但也不想对此作出反应。上帝就说出了他自己诗意的赏罚令,可能会降临到像该隐一样难对付的人头上:

你若行得好,岂不蒙悦纳?你若行得不好,罪就伏在门前。它必恋慕你,你却要制伏它。(《创世记》4:7)

发出了这个警告以后,上帝立刻就看到了他挑衅该隐的极好结果:

该隐与他兄弟亚伯说话(古版本:"我们到野地去走走吧")……二人正在田间,该隐起来打他兄弟亚伯,把他杀了。(《创世记》4:8)

接下来上帝又问了一个让人费解的问题,让我们想起了他问亚当的关于他吃了禁果以后去了哪里的反问句(第 2.6 节):"你兄弟亚伯在哪里?"(《创世记》4:9)该隐的回答远不是那么直接但让人难忘:"我不知道!我岂是看守我兄弟的吗?"(《创世记》4:9)

我认为,这个尖酸的回答采用了反问的形式,让我们深刻洞察了该隐不可靠的道德,以及他作出的策略计算。首先,几乎可以肯定的是,谋杀亚伯是有预谋的,因为他在"田间"(《创世记》4:8)对亚伯下手,而他们似乎是一起去旅行的。① 其次,该隐被上帝警告说罪恶就在他的门前,说没意识到犯罪的不良后果也不能成为该隐的借口——就算这些后果的真正性质还不能被预见。

该隐充满了对上帝偏袒亚伯的愤怒和妒忌,同时又不能直接与上帝对抗(即使他想过要这样),于是他做了次优的事情——谋杀上帝明显偏袒的人。在我看来,一个被严重委屈的人还要遭受上帝的奚落,在这样的情况下作出这种反应完全不是非理性的。

较难理解的,是该隐关于是否是他弟弟看守的回答。在我看来,它可以被解读成:聪明地构成了一个挑战,对上帝插手兄弟事务所展现出的自身道德的挑战。② 该隐也不一定知道上帝挑起麻烦,是来考验他是否容易犯罪,还是只是来搅一锅浑水。然而不管是谁的责任,该隐都感到深受委屈,因此采取报复。

但是怎样给谋杀亲兄弟找个正当理由呢,在这个行动之后该做什么来逃脱犯罪的惩罚呢?该隐至少可以有三个行动:

1. 承认谋杀。

2. 否认谋杀。

3. 为他的道德辩护。

我们必须承认,第三种行动看起来很难不知羞耻地执行,除非我们能回想起,上帝的道德意图也并不是完全纯洁无瑕的，这也是导致犯罪的条件之一。

无论一个背叛是否让另一个背叛变得正当，一个突出的事实是，该隐并没有认为他的行为不正当。即使他没有对上帝不怎么道德的意图起疑心，他也许仍然可以为自己辩护——辩称说他对他兄弟的幸福没有责任。

该隐的辩护实际上比单纯的无罪辩护更加微妙。他首先说不知道他的兄弟在哪里，这是不是暗示说，上帝知道或者应该知道，且上帝也应该对亚伯负有些许责任呢？亚伯不是该隐一个人的责任，这个想法通过该隐的著名的问题得到了加强。

在我看来，这是一个出色的辩护，因为它巧妙地将上帝和该隐自己的责任加以对比，暗示两边的道德都值得质疑。上帝，开始了他自己的反问，来回应该隐的（未承认的）犯罪和反问式的辩护，紧接着立刻就对这个农夫作了个严厉的判决。

> 你作了什么事呢？你兄弟的血有声音从地里向我哀告。地开了口，从你手里接受你兄弟的血。现在你必从这地受诅咒。你种地，地不再给你效力，你必流离飘荡在地上。（《创世记》4:10—12）

作为自己的辩护律师，该隐回应了上帝的判决，希望得到宽恕：

> 我的刑罚太重，过于我所能当的。你如今赶逐我离开这地，以致不见你面。我必流离飘荡在地上，凡遇见我的必杀我。（《创世记》4:13—14）

我们注意到，该隐悲哀抗议的核心内容，不是判决本身的不公正或不恰当，而是他可能被杀。上帝被提醒了判决的后果，发觉确实不太对味，于是他回答该隐说：

> "凡杀该隐的人，必遭报七倍。"耶和华就给该隐立一个记号，免得人遇见他就杀他。（《创世记》4:15）

我相信,上帝发现该隐的死不太合他的口味,理由是因为,只有一个"流离飘荡在地上"的流浪者(《创世记》4:12),才能到处传播上帝对兄弟残杀进行惩罚的旨意。如果该隐很快被处决,上帝之大能——甚至让谋杀犯免于死罪的更加伟大的仁慈——当然不会为世人所知。

我假定上帝考虑了两个策略,来回应该隐谋杀亚伯这件事:

1. 杀了该隐

2. 惩罚该隐

不管该隐会承认谋杀还是否认,我都相信上帝将有可能选择杀死该隐。谋杀,尤其是谋杀自己的兄弟,罪孽太深重,无法置之不理,也无法掩盖。此外,对谋杀犯的处决将开立一个不容易让人忘记的先例。

另一方面,如果有情可原的情况,惩罚但免于死刑也可能被考虑。但是,不像亚当和夏娃的故事(第 2.5 节),这里没有牵连到蛇——可以用来开脱该隐的罪行。这里唯一可能减轻罪行的情况,是上帝串通作案——或至少是上帝没有承担责任,比如他首先激起矛盾,或他在亚伯被谋杀之前没来救他。

该隐在回答上帝时正是抓住了上帝没有承担责任这一点,也许抓住的还有上帝的负罪感。该隐仿佛在说:"他也是你的责任啊,为什么你不保护他,让他免受我愤怒的报复呢? 而且这归根到底还是你引起的。"假如上帝没有被这个隐含的问题困扰,那么他为什么要说亚伯的血"从地里向我哀告"(《创世记》4:10,强调部分是我加的)——不是向该隐,也不是向世界,而是向上帝他自己。说明上帝也是有责任的。③

上帝自己也有罪时,他是无法给别人定死罪的。他只是把该隐从浸染了他兄弟鲜血的土地上赶走,留下了他的性命。事实上像我之前说的,该隐还从一个陷入麻烦的上帝那里得到了更多的东西:一个告诉每个遇见他的人不能杀他的记号。

如果上帝没有陷入麻烦，他会在意一个谋杀犯的请求吗？况且还是早就被他警告过的谋杀犯？结合了上帝想要向世人将他的力量和仁慈广布的渴望，判决对该隐的减刑，对上帝来说是合理的。

我从理性选择的角度，对该隐和亚伯的故事进行解释，总结成了图 4.1 中该隐和上帝之间的博弈。沿这棵博弈树从下往上看，我非常简单地将上帝得到的几乎所有结果都评为"中"或"差"，但当该隐为自己的道德辩护间接牵连到上帝随后被惩罚后，上帝得到的结果就不同。尽管这个辩护对上帝造成了内疚和羞愧，总的来说我认为，上帝还是会偏向仁慈（如果有好的理由的话），而不是太严厉以至于杀死该隐——在图 4.1 中为"中"的结果，或者是太仁慈以至于宽恕他（没有好的理由）——为"差"的结果。*（对于上帝来说，博弈树底部的这些"中"和"差"的结果，可以互换而不影响分析的结果。）除此以外，一个活着的该隐在世上流浪，可以告诉世人，上帝惩罚了他但是出于仁慈留下了他的命，这对上帝的形象有好处，同时也能缓和上帝对这个事件的不安情绪。

沿着博弈树向上分析，该隐会更偏好一个上帝认为"优"，而他自己得到"中"的结果，而不是简单地承认或否认他的罪行从而被上帝杀死（对该隐来说是"差"，对上帝来说是"中"）。再往上，该隐应该谋杀亚伯，而不是受了羞辱自怨自艾却没报复（结果是"差"），次于杀亚伯—他辩解—上帝惩罚带来的"中"的结果。在博弈树的顶端，很清楚上帝是理性的，上帝预见到将来的理性选择，从而引发兄弟间的嫉妒，最终为他想要创造的自身形象带来"优"的结果——不然的话，他在亚当、夏娃、蛇引发的激情消退以后将倍感无聊、无所事事。

---

* 在博弈树底部，太严厉而杀死该隐结果为"中"。如果该隐承认罪行或否认罪行，他应该被判死罪，对上帝来说结果为"中"；但如果上帝太仁慈，在没有很好的理由的情况下该判死罪却不判，而仅仅只是惩罚他，对上帝来说结果就是"差"。——译者注

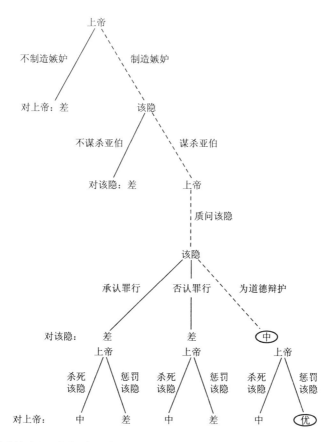

注:圈出的是该隐和上帝的理性选择

图 4.1　该隐谋杀亚伯的博弈树

　　该隐和亚伯之间的家庭冲突的产生和解决,明显受到了上帝施以重手的影响。事实上,对亚伯被谋杀及其后果用我的博弈理论进行分析时,我甚至都不认为亚伯是一个能作出选择的博弈者。在接下去的家庭冲突中,上帝之手就不是那么重要了,但是上帝的位置被一个父亲顶替了——一起乍看是简单的兄弟间的竞争,因为这个父亲的出现,引入了代际冲突。

4.3　雅各和以扫

我们还能想起(第 3.2 节)，以撒是亚伯拉罕的儿子。他的妻子利百加没有生育，以撒替她向上主祈求。她怀了一对双胞胎，胎儿在腹中相互挤来挤去。利百加觉得是个不好的兆头，问上帝这是什么意思。上帝回答说：

> 两国在你腹内，
>
> 两族要从你身上出来，
>
> 这族必强于那族，
>
> 将来大的要服侍小的。(《创世记》25:23)

这个神秘的解释预示了这对双胞胎将来的关系，和他们以后遭遇中将进行的博弈。

圣经对这对双胞胎的出生提供了一个生动的描述，然后讲述了他们的成长：

> 先产的身体发红，浑身有毛，如同皮衣，他们就给他起名叫以扫。然后又生了以扫的兄弟，手抓住以扫的脚跟，因此给他起名叫雅各。(《创世记》25:25—26)

在下一段里预示了超出兄弟竞争的家庭冲突开始了：

> 以撒爱以扫，因为常吃他的野味；利百加却爱雅各。(《创世记》25:28)

两兄弟间的第一次冲突没有涉及他们的父母：

> 有一天，雅各熬汤，以扫从田野回来累昏了。以扫对雅各说："我累昏了，求你把这红汤给我喝。"因此以扫又叫以东("以东"就是"红"的意思)。雅各说："你今日把长子的名分卖给我吧！"以扫说："我将要死，这长子的名

分于我有什么益处呢?"雅各说:"你今日对我起誓吧!"以扫就对他起了誓,
把长子的名卖给雅各。于是雅各将饼和红豆汤给了以扫,以扫吃了喝了,
便起来走了。这就是以扫轻看了他长子的名分。(《创世记》25:29—34)

这个冲突用图 4.2 的结果矩阵来表示。以扫可以卖他的长子权也可以不买,
雅各可以给他食物也可以不给。这些策略选择导致的结果,加上博弈者的偏好排
序后,分别是:

交易达成(3,4):以扫为了食物卖掉了长子权,得到了他次优的结果。雅各兑
现诺言,把食物给了以扫,得到了他的最优结果。

以扫拒绝,雅各让步(4,1):对于以扫来说,这是最优的结果,既挫败了雅各也
得到了食物;对于雅各来说却是最差的结果,他的威胁没有奏效。

雅各违约,以扫死了(1,3):对于以扫来说,这是最差的结果,因为在屈从了雅
各的威胁以后,他没有得到食物,想来会饿死。对雅各来说,这是次优的结果因为
他得到了长子权,可他没有兑现诺言却讲不出合适的理由。

交易没有成功(2,2):对于两个人来说都是较差的结果,因为两个人都没有得
到自己最想要的东西;然而,雅各没有让步,以扫也保留了他的长子权。虽然,以扫
想来会死,但是保住了他的自尊,而雅各,即使他继承了长子权,他也会深深内疚。

雅各

	给食物(G)	不给食物(Ḡ)
卖掉长子权(S)	交易达成 (3,4)	雅各违约,以扫死了 (1,3)
不卖长子权(S̄)	以扫拒绝,雅各让步 (4,1)	交易没有成功 (2,2)

以扫

注:
(x, y)=(以扫,雅各)
4=最优;3=次优;2=较差;1=最差

图 4.2 长子权博弈的结果矩阵

　　因为在雅各提出了他的条件以后，以扫才有了第一步行动，这个博弈很适合被模型化为2×4博弈，它的回报矩阵用图4.3表示。以扫没有一个占优策略，但是预见到雅各的占优选择可能是"针锋相对"，他将会选择卖出他的长子权——因为在雅各的"针锋相对"这一列里，对以扫来说"3"比"2"更好。由此，这个交易的完成，和圣经的描述一致，雅各"取得胜利"。

注：
(x, y)＝(以扫，雅各)
4＝最优；3＝次优；2＝较差；1＝最差
圈出的是理性结果

图4.3　长子权博弈的回报矩阵

　　圣经还评论道，"以扫轻看了他长子的名分"（《创世记》25：34），暗示以扫在这个博弈中"输了"。然而，我不同意这种解释，因为这个博弈不是一个完全对抗性博弈——一旦交易没有达成，两个博弈者都会输。对于以扫来说，得到食物救了自己的命，当然比死更好，而如果他拒绝卖出长子权，在雅各的"针锋相对"策略下，雅各又不给他食物，想来以扫就会死。此时，以扫的长子权对于雅各来说有什么价值并不完全清楚，但是对雅各来说，在这个刚才我们描述的博弈中得到它，成本几乎为零。它又直接影响了另外一项长子权，即两兄弟在他们之间的下一个冲突中所寻求的权利。

　　这个冲突发生在以扫娶了一个赫梯人以后。对于这个女子，以撒和利百加都感到"心里愁烦"（《创世记》26：35）。以撒老了，眼睛也瞎了，不过他仍然希望临死之前祝福以扫。当利百加偷听到这个谈话后,她想了个办法让雅各假扮成以扫,这样他——而不是以扫——可以得到他父亲的祝福。

又用山羊羔皮包在雅各的手上和颈项的光滑处,就把所作的美味和饼交在她儿子雅各的手里。

雅各到他父亲那里说:"我父亲!"他说:"我在这里。我儿,你是谁?"雅各对他父亲说:"我是你的长子以扫,我已照你所吩咐我的行了。请起来坐着,吃我的野味,好给我祝福。"(《创世记》27:16—19)

以撒没有完全相信他听到的,他考验了"以扫"(雅各):

"我儿,你进前来,我摸摸你,知道你真是我的儿子以扫不是?"(《创世记》27:21)

考查的结果是模棱两可的,但是最后以撒祝福了"以扫"(雅各)。

"声音是雅各的声音,手却是以扫的手"。以扫就辨不出他来,因为他手上有毛,像他哥哥以扫的手一样,就给他祝福。

又说:"你真是我儿子以扫吗?"他说:"我是。"以撒说:"你递给我,我好吃我儿子的野味,给你祝福。"(《创世记》27:22—25)

没过多久,雅各关于他身份的公然的谎言就被揭穿了。雅各一离开,以扫就从外面回来,希望得到父亲的祝福。以撒发觉被骗,"就大大地战兢"(《创世记》27:33),然后以扫"放声痛哭"(《创世记》27:34),他说:

"我父啊! 求你也为我祝福。"以撒说:"你兄弟已经用诡计来将你的福分夺去了。"以扫说:"他名雅各岂不是正对吗? 因为他欺骗了我两次,他从前夺了我长子的名分;你看,他现在他又夺了我的福分。"以扫又说:

"你没有留下为我可祝的福吗？"以撒回答以扫说："我已立他为你的主，使他的弟兄都给他作仆人，并赐他五谷新酒可以养生。我儿，现在我还能为你作什么呢？"以扫对他父亲说："父啊，你只有一样可祝的福吗？我父啊，求你也为我祝福。"（《创世记》27：34—38）

但是一个祝福一旦说出，就不能被召回并用到另一个人身上，所以以扫就渴望报复。利百加再一次去帮助了雅各，帮助他逃跑到她住在哈兰（haran）的兄弟拉班那里。

很难理解为什么以撒，虽然他明显怀疑"以扫"的身份，仍然继续下去并祝福他。我能提供的最好解释是，因为他最赞赏以扫的打猎和做饭的本领，他宣布死亡临近时对以扫说的话可以验证这一点：

现在拿你的器械，就是箭囊和弓，往田野去为我打猎。照我所爱的作成美味，拿来给我吃，使我在未死之先给你祝福。（《创世记》27：3—4）

以撒的感叹加强了以撒喜欢以扫的观点，在闻到"以扫"衣服的味道时：

我儿的香气
如同耶和华赐福之田地的香气一样。（《创世记》27：27）

也许一点也不奇怪，在祝福儿子这件事上，尽管儿子身上发出的信号令人困惑，但对于一个如此强调野外生活和味觉快感的父亲，当这些条件都满足时，他的疑虑也就完全打消了。

同样也不能忘记，以撒对以扫和一个赫梯人结婚感到不满。甚至在被雅各欺骗了以后，以撒仍然愿意指导雅各"不要娶迦南（赫梯）的女子为妻"（《创世记》28：1）。

就算以撒对以扫的感情不够深，我们也不能说利百加对雅各的感情不深。为了使雅各的地位高于以扫，她竭尽所能，首先鼓动雅各欺骗她的丈夫，然后又帮助他顺利逃跑。可以肯定的是,雅各也不是不愿意一起作案,但是利百加是重要的幕后推手。

利百加行动背后的理由最难理解。她喜欢雅各,但是为什么呢? 圣经对这个问题保持沉默。当然我们也许会认为,以扫太男人,而雅各更女性化一些,所以更讨他母亲的喜欢。

利百加对赫梯的女人也不喜欢:

> 我因这赫人的女子,连性命都厌烦了;倘若雅各也娶了赫人的女子为妻,像这些一样,我活着还有什么益处呢?(《创世记》27:46)

母亲关于未来的儿媳妇的态度多么强硬!

尽管她更喜欢雅各,利百加也不会不关心以扫。也许在整个故事中最有趣的策略计算,来自于利百加准备帮助雅各逃跑时透露的建议:

> 同他住些日子,直等你哥哥的怒气消了。你哥哥向你消了怒气,忘了你向他所作的事,我便打发人去把你从那里带回来。为什么一日丧你们二人呢?(《创世记》27:44—45)

的确如此,利百加可是人生赢家,如果她能保证雅各逃跑,雅各得到本属于长子的祝福,又不让雅各和赫梯人结婚,并在以扫怒气消除之前管住以扫,以免他有暴力行为。这样,利百加参与了一个复杂和微妙的博弈,间接涉及了她的儿子和她的丈夫,以及她未来的儿媳妇。我不会正式地把她的计算建立模型,因为她的“博弈”是真正的一个人的事,首先涉及欺骗以撒,然后是雅各出逃。

后面所发生的事情证实利百加是一个完美的博弈者。雅各顺利逃跑,遇到了他的叔叔拉班,在和拉班两个女儿的一系列曲折遭遇后最终娶了一个他所爱的。但是最让人惊讶的,还是他最终和以扫团聚。

雅各举目观看，见以扫来了，后头跟着四百人……一连七次俯伏在地，才就近他哥哥。

以扫跑来迎接他，将他抱住，又搂着他的颈项与他亲嘴，两个人就哭了。（《创世记》33：1—4）

真是一个皆大欢喜的结局！

在和以扫的第一个博弈中雅各是主动博弈者，在第二个冲突中他是被动的，他近乎完美地成功得到了长子应得的权利：长子的名分和父亲的祝福。以扫最后没有怨恨，原因也不是很清楚。我能作的最好的猜测是，他性格善变——就像他母亲说的，他的怒气在一段时间后会消除——使他很快就忘记了他受的委屈。对家庭的忠诚以及间接地遵从了上帝和上帝为维护这个家庭而定下的守则，可能也发挥了作用。

似乎上帝很好地预见了兄弟间会发生的争斗，从一开始他们在母亲肚子里使劲排挤对方就象征了这一点。但是在预示他们的冲突和结果后，上帝就没有再牵涉进来，但他确实逼迫该隐讲出弟弟被谋杀的真相，然后给他强加上了罪名。更确切地说，在以扫和雅各的第二个冲突中，是兄弟俩的母亲利百加扮演了一个重要的幕后角色——几乎像上帝一样——为了提高她偏爱的雅各的地位，操纵了一个个事件。我最后要分析的一个家庭冲突，是关于雅各的儿子约瑟，他卷入了一场阴谋。

4.4　约瑟和他的兄弟们

发生在姐妹之间的家庭冲突在圣经中也不是没有耳闻，比如围绕雅各和拉班的两个女儿所发生的冲突：利亚的眼睛没有神采，拉结漂亮身材又好，两个人都为了雅各的爱互相竞争，希望能和他结婚。但是圣经中更常见的，是本书第3章表述的那种冲突,围绕父亲们即将失去孩子的痛苦,或者是本章中兄弟之间的冲突,上帝不时地扮演了一个对手的角色——或考验博弈者(亚伯拉罕),或要求对方完成誓言(耶弗他),或惩罚对方(该隐)。本书之后的章节还会继续探讨这些主题的变化。

我接下去分析的家庭冲突将再次涉及兄弟。但这一次,冲突涉及的不只是两个人,而是包括了一个父亲,他的出现,让之前的大部分故事里常见的双边关系变得复杂化了。

如同该隐和亚伯的故事一样,在家庭中对两个兄弟厚此薄彼,使得兄弟间的基本冲突被火上浇油。然而现在,激起妒忌的不是上帝,而是雅各——他"与神与人较力"(《创世记》32:29)并由此改名为以色列:

> 以色列原来爱约瑟过于爱他的众子,因为约瑟是他年老生的,他给约瑟作了一件彩衣。约瑟的哥哥们见父亲爱约瑟过于爱他们,就恨约瑟,不与他说和睦的话。(《创世记》37:3—4)

约瑟做了两个梦,都预示了他将来会支配家庭中的其他成员,他们将在他面前叩拜。这让他的十个兄长更愤怒了,他们策划杀死他:

> 彼此说:"你看! 那作梦的来了。来吧! 我们将他杀了,丢在一个坑里,就说有恶兽把他吃了,我们且看他的梦将来怎么样。"(《创世记》37:19—20)

但是他的一个哥哥流便(Reuben)为约瑟求情:

> 流便听见了,要救他脱离他们的手,说:"我们不可害他的性命。"又说:"不可流他的血,可以把他丢在这野地的坑里,不可下手害他。"(《创世记》37:21—22)

于是哥哥们把约瑟的彩衣脱下来，将他扔到了坑里头。

但是约瑟被凑巧路过的商人救了起来，在去埃及的路上又把他卖给了以实玛利人。同时，为了掩盖他们出卖约瑟，兄长们聪明地策划掩盖真相：

> 他们宰了一只公山羊，把约瑟的那件彩衣染了血，打发人送到他们的父亲那里，说："我们捡了这个，请认一认，是你儿子的外衣不是？"他认得，就说："这是我儿子的外衣，有恶兽把他吃了，约瑟被撕碎了！撕碎了！"（《创世记》37:31—33）

极度悲伤的雅各发誓："我必悲哀着下阴间到我儿子那里。"（《创世记》37:35）

但是约瑟当然还活得很好。以实玛利人把他带到埃及后，把他卖给了法老的护卫长波提乏（Potiphar）。据圣经说："耶和华与他同在，他就百事顺利。"（《创世记》39:2）

然而，约瑟随后被冤枉说引诱波提乏的妻子，于是被抓进了监狱。在监狱里他成功地为法老的酒政和膳长解梦，结果被召唤来解释法老的两个梦。他的解释——会有七年的丰收接着有七年的饥荒——给法老很深的印象，法老让约瑟负责建造粮库，这样国家就能够抵御所预测的饥荒。当饥荒真的发生的时候，人们感受到了灾难性的影响，"各地的人都往埃及去，到约瑟那里籴粮，因为天下的饥荒甚大"（《创世记》41:57）。

为了不在迦南挨饿，雅各让他的儿子们去购买埃及的粮食，此时兄弟们重聚的机会来了。然而雅各坚持要留下他最小的儿子便雅悯，"恐怕他遭害"（《创世记》42:4）。

约瑟的兄长们就出发去了埃及，见到了约瑟，约瑟现在是埃及的宰相，"籴粮给那地众民的就是他"（《创世记》42:6）：

> 约瑟的哥哥们来了，脸伏于地，向他下拜。约瑟看见他哥哥们，就认得他们，却装作生人，向他们说些严厉话，问他们说："你们从哪里来？"他

们说："我们从迦南地来籴粮。"约瑟认得他哥哥们,他们却不认得他。约

瑟想起从前所作的那两个梦,就对他们说："你们是奸细,来窥探这地的虚

实。"(《创世记》42:6—9)

他的兄长们坚决表示他们是无辜的,但是没有用。最后,约瑟从他的兄长们那

里得知,便雅悯和他的父亲一起留在迦南,于是约瑟说他要考验他们:

我指着法老的性命起誓,若是你们的小兄弟不到这里来,你们就不得

出这地方,从此就可以把你们证验出来了。须要打发你们中间一个人去,

把你们的兄弟带来。至于你们,都要囚在这里,好证验你们的话真不真,若

不真,我指着法老的性命起誓,你们一定是奸细。(《创世记》42:15—16)

约瑟坚称他是一个"敬畏神的"(《创世记》42:18),随后放宽了他的要求,说他

会留下一个人作人质:

你们如果是诚实人,可以留你们中间的一个人囚在监里,但你们可以

带着粮食回去,救你们家里的饥荒。把你们的小兄弟带到我这里来,如

此,你们的话便有证据,你们也不至于死。(《创世记》42:19—20)

兄长们都觉得很内疚,彼此说:

我们在兄弟身上实在有罪,他哀求我们的时候,我们见他心里的愁

苦,却不肯听,所以这场苦难临到我们身上。(《创世记》42:21)

不管怎么样,他们中的西缅(Simeon)被留下来作为人质,但是约瑟对回家的兄

长们又玩了个诡计。他不仅把他们的袋子里装了谷物,也关照下人把他的兄长们

用来付给他买粮的钱,放回到他们的袋子中。

他们就提心吊胆,战战兢兢地彼此说:"这是神向我们作什么呢?"

(《创世记》42:28)

在他们回家以后报告事情经过时,雅各对儿子们都很气愤:

> 你们使我丧失我的儿子:约瑟没有了,西缅也没有了,你们又要将便雅悯带去;这些事都归到我身上了。(《创世记》42:36)

随后,围绕要不要带便雅悯回埃及,雅各和他的儿子们又发生一场争论。犹大,带着冷静的头脑和现实的态度,跟他的父亲特别提出:

> 那人(约瑟)谆谆地告诫我们说:"你们的兄弟若不与你们同来,你们就不得见我的面。"你若打发我们的兄弟与我们同去,我们就下去给你籴粮;你若不打发他去,我们就不下去,因为那人对我们说:"你们的兄弟若不与你们同来,你们就不得见我的面。"(《创世记》43:3—5)

后来犹大又愤愤地说:

> 你打发童子与我同去,我们就起身下去,好叫我们和你,并我们的妇人孩子,都得存活,不至于死。我为他作保,你可以从我手中追讨,我若不带他回来交在你面前,我情愿永远担罪。我们若没有耽搁,如今第二次都回来了。(《创世记》43:8—10)

为了更加强调兄长们不会抛弃便雅悯(雅各可能已经怀疑他们之前对约瑟做的事),另一个兄长——曾经在他的兄弟们面前求情救了约瑟一命的流便,向他父亲保证,如果他们不能把便雅悯带回家的话,流便的两个儿子可以拿来杀掉。雅各终于缓和了下来,便雅悯就和他的兄长们一起去了埃及。

按照这个策略情形,雅各和他的儿子们存在本质的区别,所以我把他们分别模型化为两个博弈者,因为,他们都有三个选择。约瑟的兄长们能:

1. 带便雅悯回去埃及。

2. 不带便雅悯去埃及。

3. 都不去埃及。

对选择 1 的回应,约瑟可以选择:

1. 扣留便雅悯

2. 让便雅悯回家

这些编号的选择产生了结果,对其结果的描述和排序,用图 4.4 的博弈树表示。

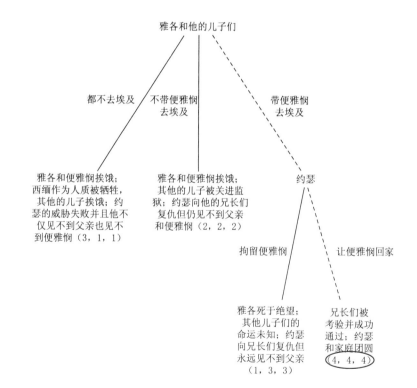

注:
(x, y, z)=(雅各,众子,约瑟)
4=最优;3=次优;2=较差;1=最差
圈出的是理性结果

图 4.4　约瑟威胁的博弈树

为了分析这个博弈树，首先注意，在四个结果中，雅各和他的儿子们完全不同意的有三个。把(4，4，4)——即雅各、兄长们、约瑟都得到最优的结果——先放在一边，我们考虑下这个三人博弈中的其他三个结果：

(3，1，1)对于雅各来说是次优的结果(3)，对于兄长们是最差的结果(1)：雅各挨饿，但是他和便雅悯在一起；其他儿子都会死。

(1，3，3)对兄长们来说是次优的结果(3)，雅各得到最差的结果(1)：儿子们的命运未知；没有便雅悯在身边，雅各绝望中死去。

(2，2，2)对雅各和兄长们都是较差结果(2)：雅各和便雅悯一起挨饿，兄长们都被关进监狱；兄长们被关进监狱肯定比挨饿好，但是比约瑟扣留便雅悯，从而他们的命运变得不确定的选项差。

如果约瑟扣留便雅悯，他的兄长们会因为让他们的父亲失望而非常内疚，但是我相信，想来他们将便雅悯留在家里，仍然不是那么令人满意的。事实上，如果他们不遵守带便雅悯前去埃及的命令，对于所造成的后果，约瑟的态度也是模糊的，他只是说"不要让我再见到你们"(《创世记》44:23)。但是这个威胁似乎是暗示他们至少会进监狱，也可能被处死。

即使兄长们都不知道(4，4，4)的结果，他们也会偏好选择带便雅悯去埃及(3)，而不是所有人都不去埃及(1)或者是去埃及不带便雅悯(2)。虽然雅各有相反的偏好——至少在开始时——兄长们的选择却是决定性的，最终他们似乎是成功地用他们的评估逻辑，说服了他们焦虑的父亲。

关于便雅悯是否去埃及，虽然约瑟没有选项，但是他偏向于不要让他的威胁完全失败(1：如果他的兄长们都不再去埃及)，但可以是部分失败(2：如果他们去埃及但没有带便雅悯)。在后面一种情况中，约瑟至少报复了他的兄长们，不单是作为人质的西缅——虽然他可能从来没有想要杀掉他们中的任何一个，因为毕竟之前他们让他活了下来。

似乎最让雅各忧心的是他一个人死在迦南,而便雅悯不在身边,尤其是因为他之前已经失去了最爱的约瑟。然而也许他预见了,他的家庭会在迦南团聚而不会挨饿。无论这一希望有多么微弱,但很清楚,在约瑟显露自己的身份后,这对所有博弈者来说都是最好的结果(4,4,4)。

虽然不知道约瑟的真正身份,兄长们也很难预测到他会对便雅悯做什么。但是因为他说他是一个敬畏上帝的人,同时也因为犹大愿意成为便雅悯的担保人,再加上如果兄长们不能把便雅悯带回家流便会杀了自己的两个儿子,所以平衡被打破,倒向了相信约瑟表面上所说的这一边。因此,虽然在这个情况下兄长们并没有看透约瑟的真正动机和利益,犹大提出带便雅悯去埃及将会拯救每个人——"我们和你,并我们的妇人孩子"(《创世记》43:8)——使得兄长们最终反对他们的父亲已是迫不得已。

换句话说,这个博弈在进行的时候,似乎在图 4.4 中假设的结果排序好像已经都被知道了。兄长们压倒性的保证,对约瑟偏好让便雅悯去埃及有利。对他们来说最不能察觉的是,这也将会是他们的最好的结果,因为他们并不知道约瑟是他们长期失散的弟弟,而家庭将会重聚。但是我相信,兄长们再一次感觉到了,去埃及却不带上便雅悯,对他们来说会是灾难性的,所以他们最终愿意承担"约瑟会信守承诺"这个预期风险。考虑到这个想法,他们会带便雅悯去埃及,(他们希望)约瑟也会兑现承诺,作为交换。

事实上在带着便雅悯出发去埃及之后,兄长们又产生了新的不安。回想起来他们在袋子里找到的钱,兄长们满怀着恐惧带着便雅悯进了约瑟的家里。然而约瑟立刻就打消了他们的顾虑:

> 你们可以放心,不要害怕,是你们的神和你们父亲的神,赐给你们财

宝在你们的口袋里。你们的银子我早已收了。(《创世记》43:23)

因此一个障碍消除了。

当年他的兄长们把约瑟扔到坑里时便雅悯还没有出生,现在一看到他最小的弟弟便雅悯,约瑟几乎立刻不能抑制感情,不过还是成功地控制了自己的情绪。在另外一个房间平静下来后,约瑟回来,忍不住再一次考验兄长们——这次他不仅要求把他们的银子放回到他们的口袋里,他指示管家把银杯放在便雅悯的袋子里。

然后新一轮的"敲诈勒索"开始了。兄长们离开后不久,约瑟命令管家追上他们,说:

你们为什么以恶报善呢?这不是我主人饮酒的杯吗?岂不是他占卜用的吗?你们这样行是作恶了。(《创世记》44:4—5)

被谴责后,兄长们都十分疑惑。他们无法相信,回答道:

你仆人中,无论在谁那里搜出来,就叫他死,我们也作我主的奴仆。(《创世记》44:9)

然而管家要求得不多:

在谁那里搜出来,谁就作我的奴仆,其余的都没有罪。(《创世记》44:10)

当酒杯在便雅悯的袋子里被找到时,兄长们都吓坏了;他们回到约瑟的屋中,哀求他不要扣留便雅悯。犹大告诉约瑟,他们的父亲很爱他最小的儿子——他早已失去了便雅悯的唯一的亲哥哥(即约瑟;其他的哥哥都不是拉结的孩子),如果便雅悯没有回家,他肯定在绝望中死去。犹大又说他是便雅悯的担保人,犹大最后作了如下的建议:

现在求你容仆人住下,替这童子作我主的奴仆,叫童子和他哥哥们一

同上去。若童子不和我同去,我怎能上去见我父亲呢? 恐怕我看见灾祸临到我父亲身上。(《创世记》44:33—34)

约瑟深深地感动了,他也不能再控制自己,他命令他的随从离开。他放声大哭,对他的哥哥们说出了自己的身份,同时对他们以前出卖自己也既往不咎:

"我是约瑟,我的父亲还在吗?"他兄弟不能回答,因为在他面前都惊惶。

约瑟又对他弟兄们说:"请你们近前来。"他们就近前来,他说:"我是被你们的兄弟约瑟,就是你们所卖到埃及的。现在不要因为把我卖到这里自忧自恨,这是神差我在你们以先来,为要保全生命。(《创世记》45:3—5)

在最后一个感人场景中,约瑟不无自夸地说:

"你们也要将我在埃及一切的荣耀和你们所看见的事,都告诉我父亲,又要赶紧地将我父亲搬到我这里来。"于是约瑟伏在他兄弟便雅悯的颈项上哭;便雅悯也在他的颈项上哭。他又与众弟兄亲嘴,抱着他们哭,然后他弟兄们就和他说话。(《创世记》45:13—15)

高兴地在埃及重聚后,圣经说,雅各的精神恢复了,又活了 17 年,最后在 147 岁高龄的时候去世。

我认为,在便雅悯被带去见约瑟的时候,故事里有两个主要的策略要素。第一个要素有关于约瑟会继续欺骗来再次考验他的兄长们。我假设,这种做法的理性,部分取决于他是如何考虑兄长们的行动的:他们会像曾经对他做的一样出卖便雅悯吗? 还是说他们会变得忠诚——为了安抚他们情绪低落的父亲而尽力挽救他们最小的弟弟呢?

如果这是一个与约瑟没有实质性关系的、不带个人感情色彩的考验,这就不会是一个博弈了。但是,这不仅和约瑟很有关系,而且约瑟还非常关心结果,尤其是还会影响便雅悯(约瑟以前被兄长们抛弃时便雅悯没有参与,便雅悯也是他唯一的亲兄弟)和他的父亲。假如约瑟严肃地相信他的兄长们将无法通过考验,可以想象,他会去做其他的事情来保证他父亲和便雅悯的安全。

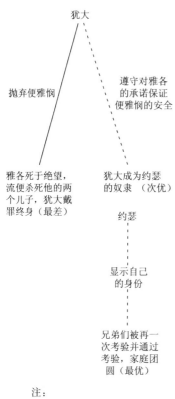

注:
对犹大来说结果的排序

图 4.5　约瑟"自行离开"提议的博弈树

所以对于约瑟,这个问题就变成为:他的兄长们会抛弃便雅悯,接受约瑟的提议自行离开埃及吗? 这个选择随着故事的发展,最后落到忧虑的犹大身上,他在约瑟提出建议后作出决定,可以被模型化为图 4.5 中的第一个博弈树的分叉。

我想说明的是,犹大还不知道约瑟是他长期失散的弟弟,也不知道他会显示自己的身份(就像博弈树较下方的分叉说明的),对犹大来说,提出要用自己代替便雅悯成为约瑟的奴隶,要好过于自行离开。因为考虑到他对他父亲作出的他是便雅悯的担保人的承诺,他的"自行离开"代价太高——如果他没能带便雅悯回家,父亲会让他戴罪终身,而哥哥流便也会杀死他的两个儿子。

图 4.5 中,我已经说明,犹大接受约瑟的提议自行回家,会带来最差结果,他拒绝则会带来次优结果。当然,犹大的(和约瑟的)"最优"结果是,约瑟显示自己的身份后家庭重聚。我在图 4.5 中没有说继续欺骗将是约瑟的一个选择,因为就像圣

经说的,约瑟被犹大对便雅悯和父亲的忠诚所感动,也许不想再考验兄长们了。

当然,在第二个博弈开始的时候,约瑟也并不知道犹大和其他兄长们是如何不顾一切地向父亲保证便雅悯和他们在一起是安全的。因此,对他来说,使用诬陷便雅悯的办法来再次考验哥哥们,也仍然是有风险的。为什么约瑟认为这是一个可以接受的风险,可以从他最后的说教中探明:

> 神差我在你们以先来,为要给你们存留余种在世上,又要大施拯救,保全你们的生命。这样看来,差我到这里来的不是你们,乃是神。他又使我如法老的父,作他全家的主,并埃及全地的宰相。(《创世记》45:7—8)

一堂很好的道德教育课给这个故事画上了句号,但是似乎对我而言,这隐藏的逻辑是约瑟在背后作出了策略选择。

4.5 总结

说一个有洞察力的上帝才使他茁壮成长,并促成了他和兄长们的和解——或者至少让整个家庭都存活下来——我觉得,约瑟如此断言,是缺乏说服力的。另一方面,有足够的证据表明,该隐和亚伯的冲突是上帝引发的——上帝创造了一个必然会导致麻烦的情况。就上帝参与的程度而言,雅各和以扫的争斗似乎是游离在更早或更晚的冲突之间:在冲突发生的早期,关于他们冲突的本质,上帝预测了一些,而此后上帝就不再干涉,显然上帝满足于让利百加来操纵整个进程。

上帝作为一个博弈者,显然参与了该隐和亚伯的故事——却没有给这个家庭带来一个完美结局——这个关于上帝参与的后果也许透露了点什么。但是,我们在责备上帝经常搞乱家庭事务之前,可以先回想下本书第3章的两个献祭故事:从上帝在这两个故事中扮演的角色来看,似乎他的参与对他的主要人物或多或少是有益的——取决于他们信仰的力量(我之前定义的)。甚至当人们在没有盲目信仰的时候也成功了。可以推定,他们为了孩子承受了痛苦的计算,也无法很快忘记这些噩梦。

家庭冲突是《旧约》中特有的,我在本章中只把《创世记》中的三个著名故事拿出来分析。从这些故事中的圣经人物的选择来看,他们的行动,在这些充满情感的背景中,如果不能说总是有责任心的话,至少是理性的。在后两个故事中,情感扮演了双重角色,既造成了家庭分裂又让家庭得以团聚——事实上,正是情感在最后关头战胜了分歧。其他的家庭冲突,包括丈夫和妻子、父亲和儿子、叔叔和侄子之间的争执,将会在随后的章节中分析。

应该注意到,约瑟的故事呈现了代际的冲突,一个垂死的父亲,关于他最爱的儿子该怎么办,以及和他的儿子们的争吵。事实上,我将在后面章节用一个故事来说明(第7.3节),上一代人为了守住残存的权力而垂死挣扎,使得这种冲突可能突破家庭的范畴。然而我将首先分析一个发生在上帝(以及他的化身)与一个不妥协的法老之间的长时间较量,随后这个较量又转变为上帝和原本与他同盟的人之间的冲突。

【注 释】

① 亚伯被谋杀是没有预谋的,这个相反的观点见 Nahum M. Sarna, *Understanding Genesis: The Heritage of Biblical Israel* (New York: Schocken Books, 1970), p.31。

② 这也可以被解读为对上帝"无所不知"和"复杂性非凡人能理解"的挑战,因为可以自然地问这

样一个问题:"为什么一个统领一切生物的人,会问这样的问题呢? 除非他自己策划了谋杀。"见 Robert Graves and Raphael Patai, *Hebrew Myths*:*The Book of Genesis*(New York:McGraw-Hill Book Company, 1963), p.92。埃利·威塞尔(Elie Wiesel)虽然排除了上帝是谋杀帮凶的说法,但是至少考虑了这一点:"该隐不由自主地去杀了人;他没有选择罪恶;而是罪恶选择了他。"[*Messengers of God*:*Biblical Portraits and Legends*(New York:Pocket Books, 1977), p.58]我发现,认为该隐实际上没有作出选择但是已经有了回应的思想准备的说法是没有说服力的。该隐的回答,就像我早先所提出的,不是一个情感的爆发,而明显是计划好的。如果是这样,该隐能预料到会被上帝发现,并准备为自己辩护。

③ 另一种可能性,有人可能会认为,与其说亚伯流的血会引起上帝的羞耻和自责,倒不如说会逼迫上帝来对该隐的犯罪进行报复。但是这种说法没有解释为什么上帝没有以同样的方式回应,直接杀了该隐(见下文)。

第 5 章　持久的冲突

5.1　引言

从某种意义上说,圣经中所有的冲突都是持久的,因为一旦一个冲突结束,另一个就随之而产生,或者有新的制造混乱的力量参与进来。事实上,《旧约》可以被看作为此冲突叠加了彼冲突,伴随了战斗、战争和家庭斗争,这些都已经成为常态而不是例外。

那么是什么使得一个冲突"持久"呢? 我想使用这个词,是因为冲突不仅在时间上跨越了几代人,也因为它在一段较长的时间里牵涉了同一个或者多个旧人物。可以肯定的是,旧人物会离开,新人物会加入,但是至少有一个人物所经受的磨炼和磨难,给冲突提供了一个基本的持续性。

一个常见的贯穿圣经的人物当然就是上帝,所以我坚持认为,一个持久的冲突也应该包含他人的持续出现。也就是说,一个冲突是"持久"的,如果在跨越了两代或更多代的博弈中,它包含了一个(或更多的)人类人物。按照这个定义,亚当和夏娃虽然在几个博弈中都是参与者,他们的博弈却没能跨越足够长的时间,所以他们的冲突不能被称为"持久"。另一方面,雅各在他年轻时与他的兄弟以扫有冲突,当他老了以后又(间接地)参与了他的儿子约瑟的冲突,所以他的家庭冲突在时间上是明显延伸的。但是,这个冲突的性质变化得如此富有戏剧性,雅各最后也成为了一个关系较远的博弈者,所以我也犹豫,是否可以把他的家庭矛盾称为是一个简单的持久的冲突。

一个有更多内在联系的持久的冲突,贯穿了摩西从出生到死亡的一生。摩西在大多数情况下和上帝在一起,他先就以色列奴隶的命运不断地与法老斗争。在法老死后,摩西和他的人民在旷野中行走了整整四十年,他一心安抚他的人民,同时也站在上帝这边。

摩西的领导问题从一开始就很复杂,因为他和上帝的关系并不牢固,后来他逐渐独立,最后离开上帝。虽然摩西从来不会直接对上帝不忠,但在后来的日子里,因为他的那些蛮横指责上帝的以色列人使得他一直遭受着上帝的愤怒。摩西也非常成功地缓冲了上帝愤怒的誓言,显示出了他的老练。当然,上帝既然能指派他担当领导,也体现了上帝的洞察力。

事实上,就像我说明的,上帝和摩西很漂亮地互补了对方:对上帝的轻率,摩西很好地作了缓冲;上帝则很好地利用了摩西会安抚人心的天分。上帝不仅很好地判断了性格,也能设想并且执行博弈的情节——首先和一个目中无人的法老,然后是叛乱的以色列人——极大地显示了他非凡的能力。上帝也许不是无所不知,但他有时能有很好的先知能力。

在描绘《出埃及记》《民数记》和《申命记》的上帝的时候,往往就是一个不同的图景了,从以色列人在埃及被囚禁一直到他们后来进入应许之地,上帝被这持续的混乱打击惨重。但是我却认为:虽然上帝在一个层面遭受了挫折,但在另一个层面,他极大地享受着、熟练地驾驭着他实现自我辉煌的征程,如果他没有不断地被挑战的话,他将无法做到这一点。在这个持久的冲突中应对众多敌手,上帝似乎刻薄而又沮丧,但同时我却认为,事实上为了展示他的力量他不会放过每一个好借口。我们也将会在后面看到,这样的机会并不少见,至高无上又似乎不可战胜的上帝,就是热衷于利用这些借口。

5.2 摩西入场

约瑟和他的兄长们退出舞台以后,新生代的以色列人又出现了,给埃及现有的秩序带来了严重的威胁。

以色列人生养众多,并且繁茂,极其强盛,满了那地。

有不认识约瑟的新王起来,治理埃及。对他的百姓说:"看哪,这以色列民比我们还多,又比我们强盛。来吧！我们不如用巧计待他们,恐怕他们多起来,日后若遇什么争战的事,就连合我们的仇敌攻击我们,离开这地去了。"(《出埃及记》1:7—10)

为了处理这个将要被接管的威胁,埃及人

派督工的辖制他们,加重担苦害他们。他们为法老建造两座积货城,就是比东和兰塞。只是越发苦害他们,他们越发多起来,越发蔓延,埃及人就因以色列人愁烦。(《出埃及记》1:11—12)

埃及人变得更加残酷无情,但是没有用。在绝望中,法老决定要用真正严苛的措施,所以他命令希伯来的接生婆杀死新生的男婴——大概是因为女性能被更好地同化进埃及人口,但是男性往往会造成推翻政权的危险。①接生婆敬畏上帝,她们没有遵从法老。她们的借口是,比起埃及的女人来,希伯来的女人更有力气,所以在接生婆赶到之前,她们已经生产了。

沮丧的法老随后命令把出生的希伯来男婴都扔进尼罗河。但是某个生了男孩的利未人却无法忍受这样的牺牲。

> 见他俊美,就藏了他三个月。后来不能再藏,就取了一个蒲草箱,抹上石漆和石油,将孩子放在里头,把箱子搁在河边的芦荻中。孩子的姐姐远远站着,要知道他究竟怎么样。
>
> 法老的女儿来到河边洗澡;她的使女们在河边行走。她看见箱子在芦荻中,就打发一个婢女拿来。她打开箱子,看见那孩子。孩子哭了,她就可怜他,说:"这是希伯来人的一个孩子。"(《出埃及记》2:2—6)

令人高兴的是,当这个男孩的姐姐问法老的女儿是不是需要帮助,她说需要;姐姐然后去找到站在不远处的母亲前来照看她的儿子。法老的女儿收养了男孩,取名摩西。

这个感人的故事不仅描绘了法老家庭内部的矛盾心态,也作为一个文学技巧,很好地将讽刺埋进了摩西生活的下一个片段。摩西长大以后,看到一个埃及人杀了一个希伯来人后:

> 他(摩西)左右观看,见没有人,就把埃及人打死了,藏在沙土里。第二天他出去,见有两个希伯来人争斗,就对那欺负人的说:"你为什么打你同族的人呢?"那人说:"谁立你作我们的首领和审判官呢? 难道你要杀我,像杀那埃及人吗?"(《出埃及记》2:12—14)

摩西听到这个回答很"惧怕"(《出埃及记》2:14),之前他认为杀埃及人的事情

不会被发现,他很快聪明地想到:"这事必是被人知道了。"(《出埃及记》2:14)

作为一个博弈者,摩西是对的。关于谁是杀人犯的话已经传到了法老那里,他将要杀死摩西。但是摩西成功地逃跑了,跑到了米甸,在那里他最终结了婚并且养育了整个家庭。然而他后悔自己已经成为一个"在外邦作了寄居的"(《出埃及记》2:22)人。

几年过去,原来的法老死了,但是

> 以色列人因作苦工,就叹息哀求,他们的哀声达于神。神听见他们的哀声,就记念他与亚伯拉罕、以撒、雅各所立的约。神看顾以色列人,也知道他们苦情。(《出埃及记》2:23—25)

随后上帝选出摩西来完成将以色列人从奴役中解救的任务,但是摩西需要很好地去说服以色列人。上帝耐心地提供了各种保证:他首先将自己显现在一个燃烧的灌木丛里,但灌木却不会被火烧着;他告诉不情愿的摩西,"我必与你同在"(《出埃及记》3:12),"我实在眷顾了你们,我也看见埃及人怎样待你们"(《出埃及记》3:16);关于见法老的时候该说什么,他给摩西提供了详细的指导。

但是当摩西要执行任务的时候,他却仍然无法相信。所以上帝又额外演示了更多的神迹,比如他告诉摩西,摩西他也能重演神迹来说服法老(和他自己的人民)来说明他真的是上帝适时派来的代表。上帝甚至还安慰摩西不要担心自己"素日不是能言的人"(《出埃及记》4:10),上帝说:

> 谁造人的口呢?谁使人口哑、耳聋、目明、眼瞎呢?岂不是我耶和华吗?现在去吧!我必赐你口才,指教你当说的话。(《出埃及记》4:11—12)

当摩西仍然抗议说自己的修辞能力不够,上帝没有了耐心,生起气来。最后上帝提出了一个实际的解决方案:

不是有你的哥哥利未人亚伦吗？我知道他是能言的,现在他出来迎接你,他一见你,心里就喜欢。你要将当说的话传给他;我也要赐你和他口才,又要指教你们所当行的事。他要替你对百姓说话;你要以他当作口,他要以你当作神。你手里要拿这杖,好行神迹。(《出埃及记》4:14—17)

这里呈现的内容,把摩西描绘成了一个温顺的人,他严重怀疑自己的人格力量和身体能力,几近萎靡。他不断地担心,不断地寻求保证。我判断说,此时摩西在他的事业上,是一个动摇分子,几乎是病态地反感自己会深陷某种可能牵涉重大风险的情况。他基本上是不称职的。

5.3 作为怂恿者的上帝

上帝对摩西的勤奋的劝诫,以及对自己神奇力量不断的重申,似乎最终成功地缓和了摩西的怀疑和害怕。但是在派摩西出发之前,上帝觉得有必要给他这位焦虑的仆人最后提一个醒:

你回到埃及的时候要留意,将我指示你的一切奇事,行在法老面前。(《出埃及记》4:21)

要知道,在这个提醒之前,已经有过一次提醒了——上帝给了他权杖,在上帝之前的一个神迹展示中,权杖变成了蛇,然后又变了回来。

如果说摩西是一个不断需要保证和提醒的胆小鬼,那么这么说上帝就不妥了——上帝似乎渴望被对抗。他似乎一直在操纵局势从而使戏剧性的紧张度一再升高。比如说,在告诉摩西在法老面前展示了所有神迹之后,他又展示了一个神的策略，来升级和法老的冲突："但我要使他的心刚硬，他必不容百姓去"（《出埃及记》4:21）。

这是明目张胆的操纵。之前我说明了（第4.2节），上帝用接受亚伯的礼物而拒绝接受该隐礼物的方式，让该隐产生了可怕的嫉妒心理，挑拨该隐谋杀了他的兄弟。但那是对一个情形的物理环境进行操纵，现在上帝似乎准备进行一些心灵上的操纵，这与给予人的自由意志相违背（第2.3节）。

对这个上帝能力的新发现我不作解释，虽然他使用这种能力的理由非常清楚（之后会讨论）。事实上，我在《旧约》中发现，对法老的精神操纵是人被剥夺了自由意志，也同样被剥夺了自己作决定的能力的几个例子之一（另一个例子见，《约书亚记》11:20）。

可以肯定的是，法老最终改变了自己的想法，似乎是按照了自己的意志行动，所以上帝的控制看起来也不是完全的。同样，摩西一开始是上帝的代言人，后来又声称他独立，所以他也不仅仅以上帝喉舌的身份出现。不过，必须被强调的是，就像在该隐和亚伯的故事中一样，上帝从一开始就作了事先安排——他的反对者后来才作为成熟的博弈者出现。

上帝发出他仍然大权在握的信号，超出了其他力量的控制。当摩西问，如果以色列人问到上帝的名字，该跟他们说什么，上帝给出了简短的回答："我是自有永有的"（《出埃及记》3:14）。上帝又详细叙述了这个神秘的说法：

> 你要对以色列人这样说："那自有的打发我到你们这里来。"神又对摩西说："你要对以色列人这样说话：'耶和华你们祖宗的神，就是亚伯拉罕的神，以撒的神，雅各的神，打发我到你们这里来。'耶和华是我的名，直到永远。这也是我的纪念，直到万代。"（《出埃及记》3:14—15）

如果他的"自有永有"的表述还不能够清楚地表达上帝权威的合法基础的话，那么故事的下一个阶段就提供了一些线索。尽管上帝可能喜欢用谜一样的回答来绕开摩西提出的关于上帝存在性的问题，但是上帝无法成功地掩盖他被要求行动时在人的事务中发挥的作用。

在摩西和亚伦到了法老那里的时候，这一点被很好地说明了。摩西用这样的话来恳求他："耶和华以色列的神这样说"（《出埃及记》5：1）

> 容我的百姓去，在旷野向我守节。（《出埃及记》5：1）

法老用嘲笑来回答：

> 耶和华是谁，使我听他的话，容以色列人去呢？ 我不认识耶和华，也
>
> 不容以色列人去。（《出埃及记》5：2）

法老回答了以后，又命令不要给以色列人提供做砖头的稻草，但是每天生产的砖的数量不变。当工作量无法完成的时候，以色列的官长就挨打，法老大发脾气，说他们偷懒。

从法老那里一回来，这些遭遇污蔑的官长立刻就遇到了等待他们的摩西和亚伦，于是咒骂他们表面上装恩人，实则背信弃义：

> 愿耶和华鉴察你们，施行判断，因你们使我们在法老和他臣仆面前有
>
> 了臭名，把刀递在他们手中杀我们。（《出埃及记》5：21）

摩西和亚伦似乎真的有了很好的理由，来质问他们行动的反常效果。
情况变得越来越糟糕，摩西恳求上帝：

> 主啊，你为什么苦待老百姓呢？ 为什么打发我去呢？ 自从我去见法
>
> 老，奉你的名说话，他就苦待这百姓，你一点也没有拯救他们。（《出埃及
>
> 记》5：22—23）

现在上帝的回答显示了他下了很大的一盘棋：

> 现在你必看见我向法老所行的事，使他因我大能的手容以色列人去，
> 且把他们赶出他的地。(《出埃及记》6:1)

因此，一个严酷的法老，加上摩西和亚伦适得其反的恳求，只是在为主要事件作准备而已。

在主要事件开始之前，上帝要进行我提到的准备工作，至于这么做的理由，圣经给出了一个关键的洞察。上帝先是重申了他早些时候的誓言来继续执行他对亚伯拉罕、以撒和雅各的约定，然后重申他要将以色列人从奴隶制中解救出来的约定，上帝说到了他自己在援救计划中的角色：

> 我是耶和华。我要用伸出来的膀臂重重地刑罚埃及人，救赎你们脱
> 离他们的重担，不作他们的苦工。我要以你们为我的百姓，我也要作你们
> 的神，你们要知道我是耶和华你们的神，是救你们脱离埃及人之重担的。
> (《出埃及记》6:6—7)

注意到这两句话的主题的连接——六次使用第一人称，再加上上帝自己的身份：两次用"耶和华"，两次用"神"——使用动词如"救""救赎"等。不仅是，是谁在做这些事毫无疑问，而且上帝也毫不掩饰他的态度，说他的惩罚会是"重重地"，而且他的努力"你们要知道"。似乎上帝生怕自己在宇宙中的地位还不够明显，上帝在后一句中，又用了一个决定性的"我是耶和华"(《出埃及记》6:8)。

为什么上帝如此执着地打造他认定的作为以色列人救星的角色呢？我相信这至少有两个原因。首先，他可能预见到——不是没有理由的——那些他已经选择去照料的人民将来会和他有麻烦，当以色列人在面对令人绝望的困境时，上面所说的话可以帮助上帝建立他的高姿态。第二，也是更直接的，上帝，就像我之前说的，不断地寻

求别人的赞扬和欣赏,难道还有比"救……拯救……救赎"一个绝望的民族更好的方法吗? 很清楚,以色列人的处境越是可怕,拯救他们的行动就越是会变得值得赞扬和欣赏。不经意间摩西和亚伦成功地加剧了这一点。在我看来,首先加重他的人民早已经很凄惨的状况,然后又勇敢地来拯救他们,这一切全都在上帝的设计里。

用博弈理论的话来说,上帝和法老的博弈属于完全对抗性博弈(见第 2.4节)——这一点我将不会正式地加以说明,所以对法老来说最糟糕的事,对于上帝来说就是最好的事。法老粗暴对待他所害怕的奴隶们,以色列人、摩西和亚伦可能暂时被法老所伤害,但是上帝最终想要赢得的博弈包含了一个目标——上帝想要成倍放大他的成就,而不仅仅是释放奴隶。

这种解释有一个麻烦的问题。除了深层的不安能作为理由之外,我们想不出来,为什么上帝不让自己的善行不言自明,而是要令人作呕地去达到他的目的。我能想到的唯一解释就是之前我们提到的:预见到以色列人将来会不听话,所以上帝想要将他的"重重地刑罚"(《出埃及记》6:6)公之于众。

上帝如此厚脸皮地坚持他的能力和荣耀——不管出于什么理由,很明显他为冲突达到高潮做好了准备,他认为这会提高他的形象。我接下去将会说明,上帝为了达成这个目标是如何精心作出安排的。

5.4　大事件

我已经提出了,上帝通过他的话来传达意思,还不只是简单地遵守协定的条款,他明确地说明只有他自己才是耶和华,同时他决定了博弈的规则。

上帝是这个博弈中唯一重要的博弈者,这一点在摩西和亚伦见到法老之前,上帝指导摩西的这个描述中已经被清楚地表明了。

> 我使你在法老面前代替神，你的哥哥亚伦是替你说话的。凡我吩咐你
> 的，你都要说。你的哥哥亚伦要对法老说：容以色列人出他的地。我要使
> 法老的心刚硬，也要在埃及多行神迹奇事。但法老必不听你们，我要伸手重
> 重地刑罚埃及，将我的军队以色列民从埃及地领出来。（《出埃及记》7：1—4）

注意这段自我赞美的话重复着"重重地刑罚"。

当法老显示出"心刚硬"（《出埃及记》7：14）的时候，上帝将冲突升级了——尽管亚伦显示了力量，能将他的权杖变成一条蛇，全部吞吃了法老的巫师用魔法召唤出的蛇。上帝通过摩西和亚伦，一步步地给埃及人带来越来越严重的灾祸。埃及的巫师，通过他们的魔力，成功地复制了前两个灾祸：把尼罗河变成红色和变出满地的青蛙，但是在第二个灾祸后法老承认了上帝的存在，法老答应让以色列人离开，去敬拜他们的上帝，从而蛙灾得到了缓解。

然而随后法老又收回了他的话，再一次变得固执起来。虱灾，蝇灾，动物的瘟疫，产生泡疮的尘埃灾，雹灾，蝗灾和黑暗之灾接踵而来，这些灾祸连法老的魔术师也不再能复制，每次都导致法老投降，但却都是临时的。法老再次变得无法和解——上帝也预测他会这样，也因此给他自己和埃及人带来一个新的、更可怕的灾祸。

第七次雹灾，几乎摧毁了地上所有的东西，"人身上和牲畜身上，并田间各样菜蔬上，都有冰雹"（《出埃及记》9：22），引起了法老的一些朝臣的害怕。这是第一个迹象，说明他们的忍耐也不是无止境的。第九次黑暗之灾"似乎摸得着"（《出埃及记》10：21），暗示着在这明显可感的黑暗中甚至呼吸都变得艰难。这些使法老很愤怒，他用死亡来威胁摩西：

> 你离开我去吧！你要小心，不要再见我的面。因为你见我面的那日，

你就必死。(《出埃及记》10:28)

　　你说得好,我必不再见你的面了。(《出埃及记》10:29)

上帝告诉摩西,第十次灾难将是最后的致命一击:

　　约到半夜,我必出去巡行埃及遍地,凡在埃及地,从坐空座的法老,直
　　到磨子后的婢女,所有的长子,以及一切头生的牲畜,都必死。埃及遍地
　　必有大哀号,从前没有这样的,后来也必没有。至于以色列中,无论是人
　　是牲畜中,连狗也不敢向他们摇舌,好叫你们知道耶和华是将埃及人和以
　　色列人分别出来。(《出埃及记》11:4—7)

最后证实了他的话,"在埃及有大哀号,无一家不死一个人的。"(《出埃及记》
12:30)。法老不再能忍受灾难的破坏性的影响,召见了摩西和亚伦:

　　起来! 连你们带以色列人,从我民中出去,依你们所说的,去侍奉耶
　　和华吧! 也依你们说的,连羊群牛群带着走吧! 并要为我祝福。(《出埃
　　及记》12:31—32)

这是再好不过的证词——上帝最终给他的敌人带来了动摇。

但是,上帝和法老到底进行的是什么博弈呢? 我之前说明了,他和摩西之间有
一个保证博弈,来支持摩西的勇气和面对大事件的决心。然后,在摩西和亚伦让以
色列人的处境变得更严重之后,上帝又再次提供了保证。在和法老的斗争高潮接
踵而至时,我相信需要回答一个问题——为什么上帝要发动一系列灾祸呢? 毕竟,
如果上帝能完全控制法老的思想,对上帝来说,要求法老快速投降,比起要法老经
受十个可怕的灾难,难道不是更容易、更迅速吗?

上帝渴望冲突得到延伸,其理由在他的几次自负的陈述中已经有了暗示——

这些陈述早就说明他是以色列人在危机中的救世主（而这些危机当然就是上帝帮助加重和延长的）。但是上帝的头脑中还有另外一个目的，他在摩西和亚伦去见法老之前（在本节开头就已经提到上帝的指示的第一部分），就告诉他们：

> 我伸手攻击埃及，将以色列人从他们中间领出来的时候，埃及人就要
> 知道我是耶和华。（《出埃及记》7:5）

换句话说，上帝本来就可以使得法老不用那么固执，只要上帝富于同情心，那就可以拯救他的子民。可是他不光是要这样，他更是要给法老和埃及人一个教训——似乎在第十个灾祸以后，他成功了。确实，如我之前说的，不仅法老要求得到上帝的祝福，同时，埃及人自己也开始催促以色列人离开：

> 埃及人催促百姓，打发他们快快出离那地，因为埃及人说："我们都要
> 死了。"……耶和华叫百姓在埃及人眼前蒙恩，以致埃及人给他们所要的，
> 他们就把埃及人的财物夺去了。（《出埃及记》12:33—36）

于是埃及人的形势被彻底扭转了。

上帝和法老进行的（一人）博弈可以被建模，表示于图5.1中。上帝的两个策略选择是停止灾祸或继续灾祸。相对比而言，不同于一个真实的两人博弈，法老没有真正的策略选择。而且，因为上帝控制了他的行为，法老应该被更好地认为是处于"自然状态"*，他的两个可能的状态是"投降"或者"挑衅（到某一个程度）"。

然而严格说来，这些自然状态不像决策理论中被普遍假设的偶然出现，而是被上帝选择的。因此，上帝实际上要在选择一个策略的同时——是停止灾难还是继续，还要选择一个"自然状态"——让法老投降还是挑衅（到某一个程度）。

---

* 即无法控制自己的状态。——译者注

<table>
<tr><td></td><td></td><td colspan="2" style="text-align:center">自然状态</td></tr>
<tr><td></td><td></td><td>法老投降</td><td>法老挑衅(到某一个程度)</td></tr>
<tr><td></td><td>停止灾祸</td><td>上帝的能力没有显现
3</td><td>无能的上帝
1</td></tr>
<tr><td>上帝</td><td></td><td></td><td></td></tr>
<tr><td></td><td>继续灾祸</td><td>严酷的上帝
2</td><td>上帝的能力被显现
④</td></tr>
</table>

注:
对上帝来说的回报
4＝最优;3＝次优;2＝较差;1＝最差
圈出的是理性结果

图 5.1　上帝和法老一人博弈的回报矩阵

　　他的每组选择(一个策略和一个自然状态)的结果在图 5.1 中可以看到。如果上帝停止灾祸,法老也配合以投降,那么上帝能得到次优结果(3)。当法老挑衅时,上帝得到最差结果(1),得到这个结果是因为上帝在法老的挑衅面前显得很无能。

　　另一方面,上帝通过继续施加灾难,看起来很严酷,如果法老投降,上帝得到较差结果(2),但是如果法老持续挑衅(到某一个程度),上帝就能得到他最好结果(4)。我说,后面一个结果对上帝来说是最好的,因为他能持续对挑衅的法老进行惩罚,只有这样,上帝的力量才会被完整地展示;如果法老最终认输了——事实上也发生了,那么一个难忘的、关于无效地对抗上帝的教训,将被世代相传。

　　上帝通过图 5.1 中位于横排和竖排的合理选择(第二排第二列),告诉法老这个令人痛苦的教训。此外,从我之前引用的圣经段落来看,它似乎是被法老和他的埃及臣民用心记住了。但是我接下去将会说,上帝和法老的博弈还没有结束,因为法老不久就又转变了心态,貌似在摆脱了上帝的精神控制之后,又以一个新的博弈者出现。

5.5   新的挑战

在第 5.4 节中，我假设上帝掌控全局，所以我仅仅从上帝的角度来看待上帝和法老的对抗。但是这个故事也可以被解读为，是法老最终达到了某个程度——顽固的挑衅失去了作用，或者无异于慢性自杀。在这个解释下，法老，虽然被上帝变得铁了心，但最终他还是坚决摆脱上帝的控制，作出了理性的计算——让以色列人离开最符合他的利益。

这就是为什么在图 5.1 中我给了上帝力量，让法老变得"挑衅"，但是仅仅是"到某一个程度"上。当法老投降时，上帝失去了掌控局势的力量——这个解释，和法老拥有自由意志而作出自己的慎重选择更为一致。

但是法老慎重地行动了吗？或者说这只不过是上帝的更大的一盘棋的一部分——上帝先让法老临时受挫，仅仅是为了让他再次以一个更加挑衅的敌对形象出现，然后才将法老彻底毁灭，也不用担心被别人责备说太无情？在这点上圣经似乎是矛盾的。一方面，当以色列人逃离埃及时，上帝操纵了这个情况，所以：

> 法老必说："以色列人在地中绕迷了，旷野把他们困住了。"我要使法老的心刚硬，他要追赶他们，我便在法老和他全军身上得荣耀，埃及人就知道我是耶和华。(《出埃及记》14:3—4)

另一方面，圣经在下一句中说，法老在看到以色列人在困难中前行时，找到了追击他们的好理由：

> 有人告诉埃及王说："百姓逃跑！"法老和他的臣仆就向百姓变心，说："我们容以色列人去不再服侍我们，这作的是什么事呢?"(《出埃及记》14:5)

我不知道法老是否已经沦为了上帝的工具,我认为对这个追逐博弈,要从两方面来看待。首先,从法老是一个独立的博弈者来考虑这个博弈,他必须决定要追逐或不追击以色列人。上帝/摩西必须决定帮助或不帮助以色列人。这个博弈的结果矩阵在图 5.2 中显示,它的结果分级我觉得理由如下:

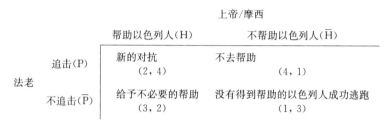

注:
(x, y)＝(法老,上帝/摩西)
4＝最优;3＝次优;2＝较差;1＝最差

图 5.2　追击博弈的结果矩阵

新的对抗(2, 4):对法老来说是较差的结果。因为虽然失去以色列奴隶可能对埃及是灾难性的,但是对抗上帝/摩西才是冒了真正巨大的风险;对上帝/摩西来说是最好的结果,因为他们(尤其是上帝)盼望这个展示他们能力的机会。

不去帮助(4, 1):对于法老来说是最好结果,因为他将看到胜利,打败手无寸铁的以色列人很容易;对上帝/摩西是最糟糕的结果,因为他们没能去救助受难的以色列人。

给予不必要的帮助(3, 2):对法老来说是次优结果,因为以色列人受到上帝/摩西的保护,他偏向于不去追击以色列人。对上帝/摩西来说是较差结果,因为他们可能在帮助一群(当没有被追击时)很有能力保护自己的人。

没有得到帮助的以色列人成功逃跑(1, 3):对法老来说是最糟糕的结果,因为他本可以重新得到以色列奴隶而不会遭到严重抵抗;对上帝/摩西来说是较好的结果,虽然上帝/摩西没能因再一次展示他们的能力而得益,但以色列人可以逃跑了。

关于是否要去追击以色列人，法老作出的选择是在上帝/摩西决定是否要来帮助以色列人之前。所以正确的追击博弈应该用 2×4 的回报矩阵来表示（见图5.3）。在这个博弈中，上帝/摩西的"针锋相对"策略占优；预见到这个选择，法老会去追击以色列人，即使他只会得到他的较差结果。

上帝/摩西

$$\text{法老} \quad \begin{array}{c} P \\ \bar{P} \end{array} \quad \begin{array}{cccc} H/H & \bar{H}/\bar{H} & H/\bar{H} & \bar{H}/H \\ (2,4) & (4,1) & \boxed{(2,4)} & (4,1) \\ (3,2) & (1,3) & (1,3) & (3,2) \end{array}$$

都没有占优策略
必须预见到上帝的选择

↑
针锋相对策略占优

注：
$(x, y) =$（法老，上帝/摩西）
4＝最优；3＝次优；2＝较差；1＝最差
圈出的是理性结果

图5.3 追击博弈中的回报矩阵

考虑到在"追击博弈"中的实际发生的情况，对于法老来说这个结果的"理性"似乎是有疑问的。当埃及人冲向以色列人时，摩西回应他们的哭号：

> 不要惧怕！只管站住！看耶和华今天向你们所要施行的救恩。因为你们今天看见的埃及人，必永远不再看见了。耶和华必为你们争战，你们只管静默，不要作声。（《出埃及记》14：13—14）

的确，有了上帝的帮助，摩西在以色列人面前分开了红海，一旦他们安全穿过，又指引让水汇合。整个埃及军队都被水吞没了。

回顾来看，法老执意地追击以色列人，对于他来说是一场十足的灾难，但是我会说，当他作出了他的策略选择时，他也许没能预见到这个结果。我认为法老也许能预见的最坏情况，是再来一场类似的灾祸——因为之前每个灾祸都至少警告了将会发生更糟糕的事情。我觉得,对法老来说,没有任何战斗就失去了奴隶,这也许将会更危险,因为这可能会让埃及人对他的愤怒油然而生,埃及人可能会废黜他或杀了他。

相对而言,重新抓住以色列人的希望看起来并不糟糕。事实上,如果埃及人包围了目瞪口呆的以色列人,以色列人已经处在抛弃他们领导的边缘:

> 法老临近的时候,以色列人举目看见埃及人赶来,就甚惧怕,向耶和华哀求。他们对摩西说:"难道在埃及没有坟地,你把我们带来死在旷野吗? 你为什么这样待我们,将我们从埃及领出来呢? 我们在埃及岂没有对你说过,不要搅扰我们,容我们服侍埃及人吗? 因为服侍埃及人比死在旷野还好。"(《出埃及记》14:10—12)

此外,埃及人在穿过分开的海水时,上帝把他们的战车轮子锁住,给埃及人造成恐慌。甚至在此时埃及人都没忘记进行着清醒的计算,认为自己还有救:

> 我们从以色列人面前逃跑吧! 因耶和华为他们攻击我们了。(《出埃及记》14:25)

但是到这时就太晚了。

这是理性的法老和会思考的埃及人的解释,我们将这个和上帝对整个事件的预览相对比:

> 我要使埃及人的心刚硬,他们就跟着下去,我要在法老和他的全军、车辆、马兵上得荣耀。我在法老和他的车辆、马兵上得荣耀的时候,埃及人就知道我是耶和华了。(《出埃及记》14:17—18)

无需质疑上帝寻找荣誉的自身动机,我相信这一定是完全和他之前的行为一致的,现在必须要问的是,将"追击博弈"解释为一人博弈——亦即上帝是唯一的博弈者,是否会和结果一致呢？ 特别说来,如果上帝在替法老做策略选择,那么他会作出和法老在"追击博弈"中一样的选择吗？

通过从图 5.2 的结果矩阵中删除法老的偏好,我们可以回答这个问题。然后,假设法老的"选择",就像图 5.1 中的,真的是上帝控制下的"自然状态",那么上帝该做什么呢？ 明显的,上帝基于自己的偏好,应该让法老来追击以色列人——用他的话说,让法老和埃及人"顽固",然后他再帮助以色列人,就像事实上发生的那样——引发一个新的对抗,能导致他得到最优结果。这样的话,一个有效地控制了法老的思维和行动的操纵的上帝,也能被用来解释在"追击博弈"中所发生的事。

因此,法老真的是他自己本人吗(像在两人博弈中解释的那样),还是只是上帝的木偶(像一人博弈中解释的那样)呢？ 博弈理论相关的分析并不能区分。在解释发生在"追击博弈"中的结果时,两种解释都"行得通"。

我自己是倾向于两人博弈的解释,这会给予法老以自由意志,因为这和上帝在最初创造世界时给人留下的地位相一致(参见第 2.3 节)。不过,我认为有一个例子,可以被用来作为法老被操纵的解释——即在关于持续的灾祸时所进行的博弈。也许事实介于两人博弈和一人博弈之间的某个地方:虽然法老从来没有他真正的主见,但他在之后和上帝与摩西的冲突中,展示了更大的独立性。我还想补充一点:看起来是一个精明的理性加强了他不断增强的自信。

5.6　排位的纠纷

法老不是唯一一个变得更加自信的人。摩西在和法老打交道的时候,逐渐地摆脱了他在事业早期遭受的恐惧和害怕。但是只有在法老和埃及军队覆灭以后，当摩西面对未曾料到的内部挑战时，他才作为一个坚强独立的形象出现。

如往常一样，上帝，通过设置一个设计好的"律例典章"（《出埃及记》15：25），来考验在野地行走的以色列人，为以后的麻烦作好了铺垫：

> 你若留意听耶和华你神的话，又行我眼中看为正的事，留心听我的诚命，守我一切的律例，我就不将所加与埃及人的疾病加在你身上，因为我耶和华是医治你的。（《出埃及记》15：26）

没过多久，摩西就等来了以色列人抱怨野地的艰苦条件。首先，没有足够的面包吃，上帝通过天降面包来解决了。然后又没有水，上帝又让摩西提供水。上帝也帮助约书亚——摩西的亲密助手——打败了进攻的亚玛力人。

虽然以色列人也有不听话的，比如他们中的一些人不庆祝安息日，但是尽管如此，从埃及出发后的三个月里他们对上帝也都没有什么严重挑衅。当他们到达西奈山时：

> 西奈全山冒烟，因为耶和华在火中降于山口，山的烟气上腾，如烧窑一般，遍山大大地震动。角声渐渐地高而又高，摩西就说话，神有声音答应他。耶和华降临在西奈山顶上，耶和华召摩西上山顶，摩西就上去。（《出埃及记》19：18—20）

摩西——后来和亚伦，是唯一的两个被允许登上山的人。上帝在烟雾弥漫的西奈山上说话了。他说的就是十诫，他要求在约定达成后这些基本法律都要被遵守，以色列将成为一个"祭司的国度"（《出埃及记》19：6）。

上帝接着就和摩西联系，详细地告诉他这些法规必须被遵守，如有违背就要被惩罚。同样，摩西也得到了细致的指导，来建设圣所——用作崇拜上帝的神圣之地。

当摩西再次上山,在山上停留了 40 个日夜,此时人们变得不安:

> 百姓见摩西迟延不下山,就大家聚集到亚伦那里,对他说:"起来,为我们作神像,可以在我们前面引路,因为领我们出埃及地的那个摩西,我们不知道他遭了什么事。"(《出埃及记》32:1)

然后亚伦就被卷入了一场他随后想努力改正的严重的信仰背弃事件。他告诉人们:

> "你们去摘下你们妻子、儿女耳上的金环,拿来给我。"百姓就都摘下他们耳上的金环,拿来给亚伦。亚伦从他们手里接过来,铸了一只牛犊,用雕刻的器具作成。他们就说:"以色列啊,这是领你出埃及地的神。"亚伦看见,就在牛犊面前筑坛,且宣告说:"明日要向耶和华守节。"(《出埃及记》32:2—5)

人们在山脚下的狂欢惹怒了上帝,他命令摩西:

> 下去吧,因为你的百姓,就是你从埃及地领出来的已经败坏了。他们快快偏离了我所吩咐的道,为自己铸了一只牛犊,向它下拜献祭,说:"以色列啊,这就是领你出埃及地的神。"(《出埃及记》32:7—8)

接下去上帝和摩西交换了意见,有力地说明了摩西已经有了自己的主见:

> 耶和华对摩西说:"我看这百姓是硬着颈项的百姓。你且由着我,我要向他们发烈怒,将他们灭绝,使你的后裔成为大国。"
>
> 摩西便恳求耶和华他的神说:"耶和华啊,你为什么向你的百姓发烈怒呢? 这百姓是你用大力和大能的手从埃及地领出来的。为什么使埃及

人议论说：'他领他们出去，是要降祸与他们，把他们杀在山中，将他们从

地上除灭。'"(《出埃及记》32:9—12)

摩西就像一个辩护律师，在他的恳求中使用了反问句，是为了突出这一点：上

帝作为裁判，必须作出决定。上帝为以色列作出了承诺，这个承诺也已经广为人

知，那如果上帝在此时因为愤怒而毁掉了他的一手杰作，他是理性的吗？

对于上帝来说，这就是事情的关键。而摩西聪明地看到了这一点，就此摩西有

力地辩护道：

　　求你转意，不发你的烈怒；后悔，不降祸于你的百姓。求你记念你的

仆人亚伯拉罕、以撒、以色列，你曾指着自己起誓说："我必使你们的后裔

像天上的星那样多，并且我所应许的这全地，必给你们的后裔，他们要永

远承受为业。"(《出埃及记》32:12—13)

上帝还能想起来早先在一个神谕中对摩西说"看见我如鹰将你们(以色列人的

孩子们)背在翅膀上，带来归我"(《出埃及记》19:4)，现在他无法拒绝这个恳求，所

以他动了怜悯心。

上帝随后表现得有些着急但是没有不仁慈。用他自己的话说，他是一个"忌邪

的神"(《出埃及记》20:5)，但是他也有同情心，他甚至可能是多愁善感的。然而必

须被强调的是，考虑到上帝对他所选定的但却"顽固的"子民的巨大投资，和他的强

烈愿望——不可以因为撤回他对以色列人的承诺而破坏他的可信度，这个"仁慈"

的决定绝不是昏庸的。

可是此时摩西却陷入了困境。他在上帝面前求情以后，他又带着两块刻着十

诫的石板到以色列人的帐篷那里去。当他"看见牛犊，又看见人跳舞"(《出埃及记》

32:19)，他愤怒了：

> 把两块版扔在山下摔碎了，又将他们所铸的牛犊用火焚烧，磨得粉
>
> 碎，撒在水面上，叫以色列人喝。（《出埃及记》32:19—20）

摩西逼迫亚伦说出了他在这个偶像崇拜的事件中担当的角色。然而当看到百姓"放肆"（《出埃及记》32:25）后，摩西试图通过掌握主动权来努力避免灾难："凡属耶和华的，都要到我这里来！"（《出埃及记》32:26）

摩西放手一搏，但他的努力没有白费，至少有一个族在混乱中响应了他：

> 于是利未的子孙都到他那里聚集。他对他们说："耶和华以色列的神
>
> 这样说：'你们各人把刀挎在腰间，在营中往来，从这门到那门，各人杀他
>
> 的弟兄与同伴并邻舍。'"利未的子孙照摩西的话行了。那一天，百姓中被
>
> 杀的约有三千。摩西说："今天你们要自洁，归耶和华为圣，各人攻击他的
>
> 儿子和兄弟，使耶和华赐福与你们。"（《出埃及记》32:26—29）

随后摩西要求上帝原谅他们的罪过，上帝就原谅了，但没有保证将来不进行报复。

我认为，在西奈山的冲突中，上帝、摩西和以色列人组成了一个三人博弈，他们的动机可以用图 5.4 的博弈树来表示。博弈从摩西恳求让上帝仁慈开始；如果上帝仁慈的话，摩西就要决定是否要强有力地行动——破坏法版，并要求献祭，或者是将以色列人的背叛轻描淡写一番。考虑到摩西有力的行动，以色列人——和有别于其他人的利未人——必须决定是要遵从摩西的命令还是对抗这些命令。

在图 5.4 的这个博弈树的四个末端上，我把和每个博弈者的选择有关的结果，从最优到最差进行排序。出于决策的目的，相应的结果排序连接于每个在分叉上作决策的博弈者。

从博弈树底部的以色列人（利未人）开始，我想他们可能喜欢遵守命令（3），即

使会引起牺牲,也比对抗(2)好,因为对抗可能会让他们被全部消灭——上帝更早的时候已经向摩西威胁过。当然,他们会最喜欢摩西将他们的背叛轻描淡写,而没有更多的针对他们的报复(4),他们最不希望上帝全面消灭他们的民族(1)。

考虑到以色列人会遵守上帝要求他们献祭的命令,摩西——尤其是在向上帝申诉了他们的情况之后——会更偏向采取有力的行动,并破坏法版(4),而不是将他们的背叛轻描淡写(2)。对于摩西来说最差结果将会是以色列人对抗他(1),而他的次优结果将是上帝执行他的最初的威胁(3);在后面这种情况中,摩西至少保证了,他已经尽了他最大的努力来挽救他的人民,期待着在这个民族覆灭后成为一个新的"伟大国家"的创立者。

最终,考虑到上帝预见了摩西接下去会采取有力的行动以及以色列人(利未人)将会遵守上帝要求他们献祭的命令,上帝将会更仁慈(4),而不是去消灭他的百姓(3)。对于上帝来说较差的将会是看到更多的对抗(2),或者看见他的忠实仆人摩西试图将以色列人的背叛轻描淡写(1)。

按照我所假设的博弈者的偏好,西奈山的三人博弈由参与各方理性地进行着。我觉得摩西的博弈是特别精彩的,首先他非常聪明地为他的人民在上帝面前辩护,然后在激动地展示了他的愤怒之后,他成功地召集利未人站到了他的这一边。

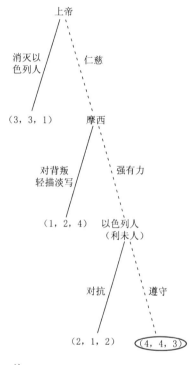

注:
(x, y, z)＝(上帝,摩西,以色列人)
4＝最优;3＝次优;2＝较差;1＝最差
圈出的是理性结果

图5.4　西奈山纠纷的博弈树

5.7 更多的纠纷，更多的报复

现在展露了头角的摩西，就算有上帝的支持，也不能给他的人民强加一个不变的命令，或者让他们一直忏悔。也许，他的任务并不总能得到一个有恶意的上帝的帮助。上帝指示摩西来告诉以色列人：

> 你们是硬着颈项的百姓，我若一霎时临到你们中间，必灭绝你们，现在你们要把身上的妆饰摘下来，使我可以知道怎样待你们。(《出埃及记》33:5)

随后，上帝在这个暗示的威胁之后，又有了一个更加宏大的叙述：

> 我要显我一切的恩慈，在你面前经过，宣告我的名。我要恩待谁，就恩待谁；要怜悯谁，就怜悯谁。(《出埃及记》33:19)

然而，上帝也显示了他的持续憎恨会有多深，他说他将会：

> 追讨他的罪，自父及子，直到三四代。(《出埃及记》34:7)

因此上帝，有时是"仁慈"和"怜悯"的，但他似乎准备依靠的更多的是诅咒和威胁，而不是靠誓言。

尽管上帝有戒心且有些玩世不恭，他重新更新了和以色列人的协定，摩西完整地颁布了十诫。以色列人被要求祭祀，给上帝带来祭品，最终的圣所也得以建造完成。

接下去的《民数记》描写了以色列人在野地里行走，圣经里特别提道：

> 众百姓发怨言，他们的恶语达到耶和华的耳中。耶和华听见了就怒

气发作,使火在他们中间焚烧,直烧到营的边界。百姓向摩西哀求,摩西祈求耶和华,火就熄了。(《民数记》11:1—2)

接下去又发生问题,上帝的怨恨不断增加,困惑的摩西问道:

> 你为何苦待仆人,我为何不在你眼前蒙恩,竟把这管理百姓的重任加在我身上呢?这百姓岂是我怀的胎,岂是我生下来的呢,你竟对我说:"把他们抱在怀里,如养育之父抱吃奶的孩子,直抱到你起誓应许给他们祖宗的地去。"(《民数记》11:11—12)

就像该隐拒绝承担兄弟的责任一样(第4.2节),摩西现在发誓要放弃他被比作是母亲的责任。然而,摩西绝对不会像放纵的该隐一样准备要对民众施加暴力。相反,他的悲伤的解决办法就是要退出:

> 管理这百姓的责任太重了,我独自担当不起。你这样待我,我若在你眼前蒙恩,求你立时把我杀了,不叫我见自己的苦情。(《民数记》11:14—15)

摩西威胁要退出,让上帝明白了他虔诚的仆人需要帮助,于是他命令摩西去召集70个长者,和他一起负担管理的重任。上帝也压制了其他人——包括亚伦和摩西妹妹米利暗——的对摩西的一些抱怨。

在流着"奶与蜜"(《民数记》13:27)的迦南被开发以后,人们喧嚣着来占领这块地方,但是却被居住在庞大而坚固的城市里的更高大的人阻止了。于是人们再一次丧失了对摩西和亚伦领导的信心:

> 全会众对他们说:"巴不得我们早死在埃及地,或是死在这旷野。耶和华为什么把我们领到那地,使我们倒在刀下呢?我们的妻子和孩子必被掳掠,我们回埃及去岂不好吗?"众人彼此说:"我们不如立一个首领,回

埃及去吧!"(《民数记》14:2—4)

人民"藐视"(《民数记》14:11)上帝,让他感到非常困扰,而摩西再次代表人民向上帝求情。摩西重复了他的观点,如果上帝撤回了他对选民的誓言,将有损上帝的可信度。但是这一次,当上帝接受摩西要原谅以色列人的请求时,上帝对于他惩罚的意图不再模棱两可:

> 这些人虽看见我的荣耀和我在埃及与旷野所行的神迹,仍然试探我这十次,不听从我的话,他们断不得看见我向他们的祖宗所起誓应许之地。(《民数记》14:22—23)

更具体的是,

> 必不得进我起誓应许叫你们住的那地;惟有耶孚尼的儿子迦勒和嫩的儿子约书亚才能进去。但你们的妇人孩子,就是你们所要被掳掠的,我必把他们领进去,他们就得知你们所厌弃的那地。至于你们,你们的尸首必倒在这旷野。你们的儿女必在旷野飘流四十年,担当你们淫行的罪,直到你们的尸首在旷野消灭。按你们窥探那地的四十日,一年顶一日;你们要担当罪孽四十年。(《民数记》14:30—34)

似乎只有合适的报复才能保证你们"就知道我与你们疏远了"(《民数记》14:34)。

这个惩罚并没有结束摩西和上帝之间的问题。一些以色列人仍然在抱怨——甚至又一次挑战摩西的权威——结果被阴郁的上帝立刻处死了。对于摩西和亚伦,上帝认为他们不够忠心,"因为你们在寻的旷野,当会众争闹的时候,违背了我的命"(《民数记》27:14),所以他们两个也不被允许进入许诺之地。在所有原来逃离埃及的二十岁以上的人中间,只有迦勒和约书亚,"专心跟从我"(《民数记》32:12)。他们被允许穿过约旦河,立足在迦南。的确,正是约书亚带着摩西的祝福,引领以色列人进入上帝向他们的父辈许诺过的地方。

也许以色列人在野地中行走的中心问题就是如何能生存下来。几乎从一开始，上帝就被他们的错误行为所打击而一直无法愉快，所以上帝不止一次地准备完全消灭他们。仅仅在离开埃及三个月后，人们在西奈山和亚伦的共谋的恶劣的错误行为，直接挑战了十诫的前两条：

> 除了我以外，你不可有别的神。

> 不可为自己雕刻偶像；也不可作什么形象仿佛上天、下地和地底下、

> 水中的百物。（《出埃及记》20：3—4）

我的解释是，上帝忍耐以色列人的不断冒犯，和上帝对他们的博大的同情没有很大关系。上帝选中了他们，他对他们的父辈发誓要保护他们。但是上帝却发现这些子孙很顽固，即使不说他们是很邪恶，至少也是很讨厌的。

那么遇到这些不幸的事件时该怎么做呢？我相信，以上帝来讲，他将寻找最佳的解决方案——摩西，希望能够将他设立为民众的保护者。

然而就像我说过的，上帝从一开始就不得不努力使一个不情愿的摩西明白，他将要负担起这个任务。最终，摩西带着他和法老斗争的勇气，已经准备好且有能力成为上帝和他的子民之间的缓冲——即使说这些子民是忘恩负义、顽固不化的。

因此，我的解释是，摩西作为主要的角色将会缓冲上帝的愤怒和暴烈脾气。在我看来，上帝已经知道他的耐心会被爱抱怨的以色列人逼到极限，因此要给他们安排一个称职的保护者，来抵消他可能采取的急躁的——或者甚至是深思熟虑的——行为。就像我说明的，一直到最后，摩西都在他的岗位上尽心尽力，这一点令人钦佩，他几次在上帝面前求情，来缓和上帝暴怒和妒忌。通常，他会利用上帝的虚荣来提出恳求，他提醒上帝，如果撤回誓言并消灭以色列人的话，将有损上帝

今后的可信度。

但是上帝也不能只是忧郁地坐在一边，在受到严重违背信仰的挑战的时候什么都不做。因此，上帝确实在指责了反叛者以后又惩罚了他们，可是现在他总是被一个已经颇具领导魅力的摩西所督促着，摩西还劝说他不能将过去的承诺一笔勾销。

通常，上帝仅仅是想要努力根除些坏因素，但是因为这些坏因素无处不在，所以这个工作就永远不会完成。甚至摩西，尽管他很正直，他在上帝的眼睛里也不是没有缺点，但是这可能是一个公众守护者的职业风险，在民众面对上帝这样一个有气势的权威时，摩西支持了犯罪的因素——至少说是有牵连的。不过，就像在《申命记》中，摩西最终凭借他独一无二的声望在他的困难立场上存活下来：

> 以后以色列中再没有兴起先知像摩西的；他是耶和华面对面所认识的。耶和华打发他在埃及地向法老和他的一切臣仆，并他的全地，行各样神迹奇事，又在以色列众人眼前显大能的手，行一切大而可畏的事。(《申命记》34:10—12)

一旦我们明白，上帝安排摩西来处理上帝知道他自己都不能处理的难以对付的情况，那么我相信，一个妒忌但是又几乎拥有无限耐心的上帝的困扰，就能被解决了。尤其是上帝认识到了自己的急躁脾气，他特地选择一个能干的人来消除危险。因此，几乎可以肯定这些人民在埃及会遭遇崩溃，摩西扮演的不仅是他们的救世主，而且同样重要的，是作为四十年旷野生存的向导。虽然摩西没有被允许进入迦南作为回报，但是他是"耶和华面对面所认识的"(《申命记》34:10)——有些人认为摩西是唯一见到上帝的人。[②]

总结来说，我将"旷野博弈"中所有的主要博弈者都看作是理性行动的：比如上帝,在鼓励摩西代表以色列人来调解时,在不有损他未来的可信度的同时,带来最优的结果;比如摩西,在接受这个角色时,虽然有时不太情愿,但最终接受了只有他才有的回报;比如以色列人,当情况变得严重时会反叛,有时能将局势缓和,但是当不能缓和时,也经常被解救而免于完全的毁灭。在第 5.8 节中,我会总结说明,包含了一系列的博弈,以及和常见的策略运算捆绑在一起的持久的冲突,是如何贯穿了摩西从出生到死亡的一生的。

5.8　总结

如果说圣经中有一个人物的先知能力无人能出其右,那就是上帝。但很清楚,圣经中的其他人物也都不是傻瓜。然而,上帝在安排事务中的地位是特殊的,因为他比其他的人物更能设定他所希望进行的博弈。就如我之前说的,他看起来似乎并不是无所不知,但他的能力是独一无二的,他能安排让他的行动延续到一系列扩展的博弈中。

在这章研究的持久的博弈中,这种能力是非常明显的,也许比之前分析的任何博弈都明显——包括《创世记》中的那些。摩西活了 120 岁,从出生开始他就被祝福。这不是说上帝对他的早期生活就有了直接控制,但是,事实是,经历了一系列的不顺利的遭遇(包括谋杀)后,相对而言摩西都毫发无伤,暗示着他的命运——或者是上帝的指引的手——没有对他不利。

为什么摩西会被选中来领导以色列人走出埃及,圣经没有交代原因,圣经只是说,摩西是一个在外乡的不快乐的流亡人士。不管上帝选择他的理由是什么,上帝勤勉地教导了一个胆怯似乎又缺乏能力的摩西。

也许上帝已经计算到,过度的威胁可能会使得法老没有任何抵抗就放弃他的奴隶。在早些时候上帝笨拙地维持着与法老的相当残酷的博弈,上帝最大限度地将他的能力公之于众——灾祸一个接着一个降临到倒霉而又顽固的埃及人头上。但不管怎样,辛勤工作的摩西,带着上帝的教导和亚伦的口才,确实取得了成功。

很清楚的一点是,似乎上帝制造了灾祸,让它们达到希望的效果;不怎么清楚的是,上帝后来又通过让法老变得固执而强迫法老追赶摩西和以色列人。似乎更接近真相的是,就像我之前说过的,法老在战斗中计算到他有一个拦截住这些奴隶的好机会;即使上帝再一次站在以色列人这边进行干预,法老可能也没有预计到他自己的毁灭——至少不是一下子。因此,似乎在我看来,在很大程度上是上帝建立了游戏规则,法老看到了这些规则,在这些规则之内,法老的行动并不是不理性的。

上帝对自我荣耀的渴望并没有随着法老的灭亡而结束——这不过是前奏而已。然而,在上帝和他的助手摩西所参与的持久的冲突的最后关键阶段,人物和调子都发生了不同的变化。

此时已经变得沉着,政治上也已渐趋老练的摩西,尽着最大的努力来控制那些不听话又不领情的民众。但是,他很快明白了自己充当中间人的角色,表达了苦恼,希望退出。但是当摩西勇敢地阻止了上帝无节制的嗜好并恳求拯救以色列人时,上帝也给予了他回报——上帝对他受困的门徒给予了帮助,减轻他的负担。

在冲突的最后阶段,最引人注目的事实并不是上帝和摩西的联合,因为联合存在于他们长久的关系中。最引人注目的事实,是他们关系的本质变化——摩西以一个独立自主的形象出现。我相信,从一个畏手畏脚的摩西到一个个性坚强的摩西的转变,正是上帝所想要的。③此时的摩西不仅是一个助手,更是一个独立的人,因此也更加有效地能得到他的人民的拥护——对这些人上帝感到非常不安,虽然上帝也从他们身上找到了一个显示他的力量、强调他的领导权的借口。

如果摩西最终成功地拯救了他的民众，上帝将再一次能够非凡地展示他的能力和力量，让民众接受管束。在我看来，上帝需要这些展示——他也想这么做——这是这个冲突的最后阶段和与法老冲突的先前阶段之间的基本相似之处。人物的阵容发生了变化，但上帝的目标没有变，他为了达成目标的严厉手段也没有变。因此，持久的冲突也许比我们初看上去时有更多的持续性，特别是，至少在将上帝也考虑在内时。

如果说在冲突的第二阶段有了一个新的曲折，那就是摩西的变化——他从一个笨手笨脚的仆人转变成了自信机敏的民众代言人，正符合上帝的利益，不过上帝也不能很坦然地忍受这种变化。因此，上帝，虽然认可了摩西的正直和极大的成就，仍然没有让迦南成为摩西最终的安身之处。

【注　释】

① James S. Ackerman, "The Literary Context of the Moses Birth Story(Exodus 1—2)," in *Literary Interpretations of Biblical Narratives*, ed. Kenneth R. R. Gros Louis, James S. Ackerman, and Thayer S. Warshaw(Nashville, Tenn.：Abingdon Press, 1974), p.85.

② 然而这种说法和上帝对摩西早先说的话相矛盾。上帝说："你不能看见我的面，因为人见我的面不能存活。"(《出埃及记》33：20)

③ 摩西性格的双重性一直被认可，但是，在我看来，从来没有得到过满意的解释。对于一些心理学的推测，参见 David Daiches, *Moses：The Man and His Vision*(New York：Praeger, 1975), p.151. 对于一神教的心理分析，弗洛伊德(Sigmund Freud)用摩西密码来说明，见 *Moses and Monotheism*(New York：Vintage, 1939)；弗洛伊德的著作，被马丁·布伯(Martin Buber)认为是"不科学的，基于毫无根据的假设"，参见 *Moses：The Revelation and the Covenant*(New York：Harper and Row, 1958), p.7.

第6章 公平的协议和明智的断案

6.1 引言

在这一章里我将通过三个故事,探索圣经中作出公平和明智决策的策略方面的问题。有趣的是,这两个故事都涉及妓女——我们可能认为这最不能体现公平和智慧。然而,通常,正是这些人物——当他们想要面对一个不太愿意尊重他们劳动的世界时——对他们选择的利益和成本最为清楚。

但是卖淫不是这些故事的中心问题。中心问题是,当和其他方面签订协议时,或者是当决定权落在一个断案者手中,而他需要哄骗才能得到真相时,这些情况下所需要的理性。事实上,在这里讨论的三个故事中,正是某些人物缺乏诚信,才使作出公平和明智的决策成了一个问题。

当诚实被怀疑时,不仅策略的计算很难被作出,同时也会造成某些伦理上的两难境地。举例来说,当一个人明显没有说真话时,使用欺骗作为刺探出真相的手段,是不是道德呢? 如果一方已经被欺骗,那么作为被骗的后果,他或者是她是否有权利来取消协议呢?

这一章里分析的故事提出了这些问题,并且显示了伦理和策略的紧密联系。其中两个故事发生在摩西死后,约书亚取代他成为了以色列的领导。第三个发生在几代以后所罗门作为以色列国王执政的时代。我相信在这三个故事中,策略分析能弄清由主人公的行动所产生的伦理问题。在这章的最后一节中,我会讨论这些问题的哲学含义。

6.2　喇合和探子

在摩西死了以后,约书亚准备占领迦南,他派出了两个探子来侦查这个国家:

> 于是二人去了,来到一个妓女名叫喇合的家里,就在那里躺卧。有人告诉耶利哥王说:"今夜有以色列人来到这里窥探此地。"耶利哥王打发人去见喇合说:"那来到你这里、进了你家的人要交出来,因为他们来窥探全地。"(《约书亚记》2:1—3)

喇合承认见过这两个人,但说他们早就离开了。她嘴上说不知道他们去了哪里,但要求立刻追踪他们。

追踪是不会有结果的,因为事实上就是喇合把这两个人藏在她屋顶上的亚麻杆中。她给这两个探子说,欺骗她的国王的理由是基于以下的信息——跟我在第5章说过的上帝想要通过他的处罚传达的意思类似:

> 我知道耶和华已经把这地赐给你们,并且因你们的缘故我们都惊慌了。这地的一切居民在你们面前心都消化了;因为我们听见你们出埃及

的时候,耶和华怎样在你们前面使红海的水干了,并且你们怎样待约旦河东的两个亚摩利王西宏和噩,将他们尽行毁灭。我们一听见这些事,心就消化了。因你们的缘故,并无一人有胆气。耶和华你们的神,本是上天下地的神。(《约书亚记》2:9—11)

作为一个妓女(而且是一个女生意人),喇合当然非常知道人情交换。她掩护探子可不想没有回报,所以她向他们提出:

现在我既是恩待你们,求你们指着耶和华向我起誓,也要恩待我父家,并给我一个实在的证据,要救活我的父母、弟兄、姐妹和一切属他们的,拯救我们的性命不死。(《约书亚记》2:12—13)

两个探子觉得这是一笔很好的交易,他们很乐意地接受了这个提议,但是有个条件限制:喇合必须继续帮助他们。

你若不泄漏我们这件事,我们情愿替你们死。耶和华将这地赐给我们的时候,我们必以慈爱诚实待你。(《约书亚记》2:14)

帮助了她的探子从屋顶逃走后,喇合提供了一些建议给他们:

你们且往山上去,恐怕追赶的人碰见你们。要在那里隐藏三天,等追赶的人回来,然后才可以走你们的路。(《约书亚记》2:16)

接下去探子提醒喇合,只有当她照他们说的做时,他们之间的交易才是捆绑在一起的,他们告诉她:

我们来到这地的时候,你们要把这条朱红线绳系在缒我们下去的窗户上。并要使你的父母、弟兄和你的全家都聚集在你家中。(《约书亚记》2:18)

喇合就如同探子听从她的建议一样听从了他们的指示。在山里面藏了三天之后,探子们逃脱了侦查,安全地回到约书亚那里,向他报告了发生的事。

从上帝那里得到了举足轻重的帮助之后,战斗的号角吹响了,以色列大军攻破了城墙以后,耶利哥王被抓。在整个城市被火吞没之前,两个探子把喇合和她的家人领到了安全的地方,"因为她隐藏了约书亚所打发窥探耶利哥的使者"(《约书亚记》6:25)。

图 6.1 中的结果矩阵中,关于喇合和探子之间的博弈,看起来没有什么复杂的内容。喇合可以藏匿也可以不藏匿探子;在耶利哥王被抓以后(假设他被抓),探子可以救也可以不救喇合。因为喇合必须做出第一个选择,看起来这个博弈的合理的表示应该是一个 2×4 的回报矩阵。受限于喇合的两个选择,探子们有四个策略。

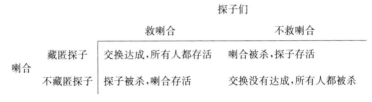

	探子们	
	救喇合	不救喇合
藏匿探子	交换达成,所有人都存活	喇合被杀,探子存活
不藏匿探子	探子被杀,喇合存活	交换没有达成,所有人都被杀

(喇合在左侧纵列标注)

图 6.1 喇合博弈的结果矩阵

这样表述的问题在于,它忽视了动机的顺序中的一些关键步骤,包括喇合和探子间敲定交易后,事实上,喇合可以在同意交易之后仍然能出卖探子,同样地,探子也能够在她救了他们之后出卖她。并且,如果喇合不藏匿探子,他们也永远不会有机会来作出救或者不救她的选择,就像在图 6.1 或者这个结果矩阵的 2×4 的扩展中所假设的那样。(举例来说,在 2×4 的扩展矩阵中,"逆来顺受"策略将会是——喇合拒绝藏匿探子,但他们仍然能救她——可如果他们死了这就当然是不可能的了!)

"喇合博弈"的一个更加真实的表示,就是图 6.2 中修改过的表示,应该包含两个子博弈。在第一个子博弈中,喇合和探子必须决定是否愿意交换他们的性命。

（因为这是他们必须同时作出的决定，所以可以被看作是 2×2 的博弈）。如果两方中有一方不愿意，我想博弈双方都得到他们较差的结果（2，2）。如果一方愿意而另一方不愿意，我想不愿意的这一方仍然得到较差结果（2），因为交换没有达成；而愿意交换的一方——因为对方破灭了自己的希望——得到最差结果（1）。

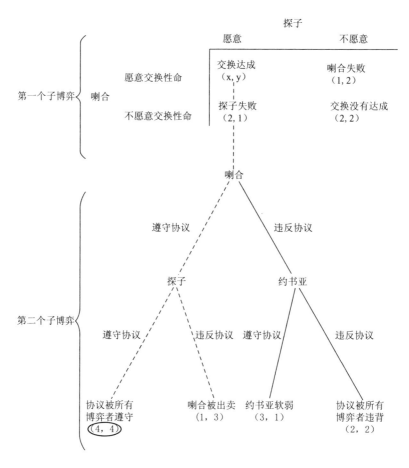

注：
（x，y）＝（喇合，探子/约书亚）
4＝最优；3＝次优；2＝较差；1＝最差
圈出的是理性结果

图 6.2 修改过的喇合博弈

如果双方博弈者都同意交换,那么第二个子博弈就发生了,然后会决定回报(x,y)。现在喇合有第一个动机:她可能要么遵守协议要么违反。如果她要遵守协议,探子活着逃走了,他们反过来也能够:要么遵守协议救她,要么不遵守他们那边的协议而杀了她。

如果探子们能守信,我想他们和喇合将得到他们最优结果(4)。如果探子出卖喇合,他们虽然会活下来,但是他们不会光彩,因为他们杀了忠诚于他们的人,而且这人和他们信仰的都是唯一真正的上帝,所以我给他们次优结果(3)。被出卖的喇合,得到了她最差结果(1)。

如果喇合没有遵守协议,探子将会被杀,那么我们推测这个选择将会落到约书亚那里,他决定是不是要救喇合(假设他之后得知探子被出卖)。如果他不能为他的探子被出卖而报复,那么我假设他得到最差结果(1),因为他可能被认为太软弱而无法执行报复;喇合将得到她的次优结果(3),因为她会活着,但是得承受出卖探子的罪行,将来也可能会遭到报复。(如果约书亚得知了她出卖探子,可能会在之后进行报复,当耶利哥被摧毁的时候,想来喇合和她的家人就该和其他人一样被杀掉。)我认为,如果他们都违反协议,博弈双方都会得到较差的结果(2),这等于一开始就没有愿意交换性命。

因为第二个子博弈中被选出的结果决定了第一个子博弈中交换性命的理性,所以每个博弈者必须慎重地首先决定第二个子博弈中的理性结果。将这个结果插入到图 6.2 第一个子博弈的矩阵中后,博弈者才能够在这个子博弈中更好地确定一个理性的策略选择。

从图 6.2 中的第二个子博弈的博弈树底部的选择开始,探子将会选择(4,4)而不是(1,3),约书亚会选择(2,2)而不是(3,1)。再往上,在(4,4)和(2,2)中间,喇合会选择(4,4),所以在第二个子博弈中,每个博弈者的理性选择将是兑现他

（她）的诺言。现在问题是：他们应该在一开始就作出这个协议吗？

考虑到第二个子博弈的结果是(4，4)，这个结果可以在图 6.2 中替代第一个子博弈的矩阵中的(x，y)。然而，虽然当他们同意交换他们的性命时，这个替代可能为博弈双方产生最优结果(4)，但是这和任意一方的占优策略都没有关系，因为在(4，4)替代(x，y)之后没有一方拥有占优策略。因此，举例来说，对喇合来说，如果探子选择"愿意"，那么她"愿意交换"比"不愿意"更好，但是如果探子选择"不愿意交换"时，喇合就会选择"不愿意"，因为在图 6.2 的探子的第二列选择中，对喇合来说"2"比"1"要好。

我们来定义一个"最优结果"——就是在一个两人博弈中，博弈双方都比其他结果更喜欢的结果。在一个有这样的结果但是博弈双方都不具有占优策略的博弈中，我认为它就是这个博弈的理性结果。

然而，从理性角度来讲，它可能还不如一个博弈者拥有占优策略的情况下带来的结果。我们用图 6.2 的博弈来说明这一点，如果一个博弈者非理性地行动，要么是没有回应另一方的"愿意"，要么没有遵守自己的诺言，那么另外一方都将得到最差的结果(1)。（如果另一方在第一个子博弈中有占优策略的话，那么他至少能得到较差结果(2)。）尽管认识到这个问题，我还是会说，在这个包含两个子博弈的混合博弈中，交换性命对于博弈双方来说都是理性的——并且彼此信任、坚守约定。

那样，我们就可以从"喇合博弈"中得出一个构成"公平的协议"的理念。首先，它必须是自愿约定的，其次，它必须是稳定的——牢不可破，不会被一方或双方违反。我说"牢不可破"，意思是协议一旦被订下，任何一方都没有兴趣来违反它，因为如果一方违反，则将会遭受一个更差结果，或者是他自己，或者是和另一方一起。

在"喇合博弈"中，很清楚，一个"公平的协议"的条件都被符合了：它是自愿订下的，它也是稳定的，因为就像博弈树分析所展示的，如果任何一个博弈方违反约定的话,他会得到更糟糕的结果。事实上,双方都会得到更糟的结果,因为如果在第二个子博弈中因为一方或双方违反了约定,没有得到结果(4,4),那么也同样无法在第一个子博弈中获得,假设双方都在第一个子博弈中同意了交换性命的话。

很容易看到,在一个混合博弈中,如果博弈者都是理性的话,他们在第一个子博弈中同意协议,那么就暗示着这个协议在第二个子博弈中是稳定的。因为如果协议不稳定的话,那么至少有一个博弈者会有动机来违反它;假设说一方违反协议会伤害到至少一个其他的博弈者,那么受害方将从一开始就不会同意约定。因此,这就足够将"公平的协议"定义为是理性的博弈者所订下的。如果他们没有订下协议,那是因为他们预见了违反协议将会伤害到他们,也由此他们连一开始谈判的动力也都没有了。

让我们回想起来,探子为了保证喇合协议的安全性,他们告诉喇合,交换性命是有条件的,条件是她必须按照他们的指示行动。事实上,在要求喇合和她家人都必须在耶利哥被攻陷的时候待在屋子里时,探子重复了喇合所接受的他们的条件:

"你若泄漏我们这件事,你叫我们所起的誓与我们无干了。"女人说:

"照你们的话行吧!"(《约书亚记》2:20—21)

因此,"喇合博弈"中的协议就变得稳定了,不仅是因为探子保证要遵守协议,也是因为他们公开宣称如果被出卖的话就要报复。探子们巧妙地将他们的性命和喇合的连在一起,使得她也不可能去出卖他们却逃脱惩罚,虽然她可能也可以先发制人,把他们交出去。

我接下去要考虑的是一个包含了协议一方存在欺骗的协议。没有欺骗,就不会达成协议,所以从定义上来说,这个协议是不公平的。但是最终,受害方在被骗后的一些痛楚减轻以后,成功地履行了协议。

6.3 约书亚被基遍人欺骗

耶利哥被攻陷以后，约书亚接下去又攻取了艾城，引起了附近基遍（gibeon）的居民的恐慌，这个民族几乎肯定要被侵略的以色列人消灭。为了能够和以色列人签订和平协议，聪明的基遍人假装成一个从遥远国度远道而来的居民。他们衣衫不整，虽然以色列人都很怀疑，尤其是那些生活在很远的地方的人提出要签订和平协议的时候：

> 只怕你们是住在我们中间的，若是这样，怎能和你们立约呢？（《约书亚记》9:7）

基遍人先是用作出让步来回答，他们重复了他们愿意被臣服的谎言：

> 他们对约书亚说："我们是你的仆人。"约书亚问他们说："你们是什么人？是从哪里来的？"他们回答说："仆人从极远之地而来，是因听见耶和华你神的名声和他在埃及所行的一切事。"（《约书亚记》9:8—9）

基遍人说得很清楚，绝不只是上帝的大名推动了他们，还因为他们听到了"他（上帝）在埃及所行的一切事"（《约书亚记》9:9）。

基遍人声明了他们长途旅行的证据：

> 我们出来要往你们这里来的日子，从家里带出来的这饼还是热的。看哪，现在都干了，长了霉了。这皮酒袋，我们盛酒的时候还是新的，看哪，现在已经破裂。我们这衣服和鞋，因为道路甚远，也都穿旧了。（《约书亚记》9:12—13）

最后约书亚被骗了:

> 约书亚与他们讲和,与他们立约,容他们活着,会众首领也向他们起
> 誓。(《约书亚记》9:15)

但是协议签订的三天后,以色列人发现了真相。他们很生气,可是他们

> 因为会众的首领已经指着耶和华以色列的神向他们起誓,所以以色
> 列人不击杀他们。(《约书亚记》9:18)

当时的道德规则是,一个誓言哪怕是在错误中约定,也不能被违背。

为了安抚自己的会众,以色列的首领告诉会众,基遍人会"为全会众作了劈柴
挑水的人"(约书亚记 9:21)。困惑的约书亚然后召唤基遍人,问他们:

> 为什么欺哄我们说:"我们离你们甚远"呢? 其实你们是住在我们中
> 间。现在你们是被咒诅的! 你们中间的人必断不了作奴仆,为我神的殿
> 作劈柴挑水的人。(《约书亚记》9:22—23)

基遍人这么回复约书亚——我想这一定是圣经中最直白的承认之一了:

> "因为有人实在告诉你的仆人,耶和华你的神曾吩咐他的仆人摩西,
> 把这全地赐给你们,并在你们面前灭绝这地的一切居民;所以我们为你们
> 的缘故甚怕丧命,就行了这事。现在我们在你手中,你以怎样待我们为善
> 为正,就这样作吧!"(《约书亚记》9:24—25)

"为善为正"这两个词传达了基遍人想找到一个公正的解决方案的希望。事实
上,让基遍人做奴隶似乎或多或少地能够为他们自己和以色列人所接受,但是这样
的话它就不再是第 6.2 节中所使用的"公平的协议"了。为了说明为什么如此,我
们首先有必要为这个博弈建立模型,该博弈将在基遍人和约书亚及以色列人(我觉

得以色列人应该和约束亚混在一起,只用一个单一的博弈者"约书亚"表示)中间进行。

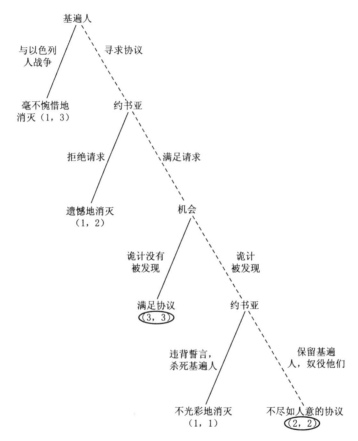

注:
(x, y)＝(基遍人,约书亚)
3＝最优;2＝中等;1＝最差
圈出的是理性结果(基于"机会"的选择)

图 6.3 基遍人欺骗约书亚的博弈树

按图 6.3 中的博弈树所描绘的,基遍人必须选择要么和以色列人进行战争,要么通过对他们的现况说谎来寻求一个和平协议。假设他们寻求协议,约书亚将要么满足要么拒绝他们的要求。

如果约书亚答应了基遍人的请求,那么之前在博弈模型里没有出现过的一个新的"博弈者",将进入这个表示图。我把这个博弈叫作"机会",* 当然它不是一个能够考虑到一系列偏好并作出理性决定的真正的博弈者。可是,"机会"将会决定基遍人的诡计是否会被发现,而且我认为被发现的可能性不为零。

只有当基遍人的诡计被发现时,"机会"才被约书亚"知道"。此时约书亚可选择违背他对基遍人作出的誓言,或者是继续遵守誓言。如果他选择了后者,那么他将会奴役基遍人但不会杀他们。

对于基遍人和约书亚,我假定结果的排序将分为三个级别:最优(3),中等(2),最差(1)。从基遍人开始,我假设当以下三种可能中的任意一项发生时,他们得到最差结果(1):他们和以色列人进行战争;约书亚拒绝与他们签订协议;他们在诡计被发现后被以色列人杀死。因为基遍人会被杀死,所以我把这三种情况评为是同样糟糕的。对他们来说好一点的结果将是在诡计被发现后被免于一死(2),最优结果可能是诡计没有被发现(3)——如果真的是可能的话。①

相比较而言,约书亚最不会在基遍人的诡计被发现后违背他的神圣誓言(1)。他会给基遍人一条生路,或者他从一开始就拒绝和他们签订合约(2)。

我将约书亚的(2)的结果设置得比他们和基遍人在一开始就打仗的级别(3)要低,因为在没有被要求签订协议的情况下,他也就不会被责备说是拒绝了一个远道而来没有威胁的民族的合理请求。我会说,也许有些矛盾的是,如果基遍人的诡计没有被发现,约书亚也能享受到最优结果(3),因为要不是被骗的话,他至少没法更聪明了(我暗中假定约书亚不想让他的名声因被骗而玷污)。但不幸的是,"机会"只给了他三天时间,他就得知了发生在他身上的骗局。

---

* 原文为 Chance。——译者注

事实上,圣经暗示说,如果约书亚对上帝能更尊重些的话,他就不会遭受这个欺骗了。

> 以色列人受了他们些食物(基遍人的话),并没有求问耶和华。(《约书亚记》9:14)

因此,我们可以合理地将"机会"解释成是上帝。上帝被约书亚和他的民众忽视,在揭开基遍人的真实的来源之前,协议得以订下。换句话说,上帝可以被认为是躲在"机会"后的一个博弈者;"机会"是没有偏好的,而上帝,如果约书亚和以色列人在基遍人的问题上没有咨询他,他会让他们付出代价。在付出代价后,约书亚似乎显示出了对上帝更多的尊重,他使基遍人成为奴隶,"当日约书亚使他们在耶和华所要选择的地方,为会众和耶和华的坛作劈柴挑水的人,直到今日。"(《约书亚记》9:27)

不管"机会"是否由上帝来控制,在发现被欺骗后,约书亚的唯一理性的行动就是饶了基遍人的性命。我假设说,他能够知道他们会成为以色列人的奴隶而从中得到一些安慰,不过,我认为这个结果带来的回报(2,2),对博弈双方来说都明显更差于欺骗被成功掩盖所带来的回报(3,3)。

因为"机会"(或上帝)的干预,(3,3)的理性结果在这个"欺骗博弈"中没有被选择——至少对于人类博弈者来说。值得注意的是,如果这个博弈在"机会"的行动之前就终止,那么这个行动就会被(3,3)所代替(诡计没有被发现),然后我们可以说,约书亚和以色列人都理性地行动了——同意签订合约。约书亚可能看到的就是这个缩短了的博弈。

但是"机会"确实干预了,从而干扰了约书亚的计算。它使得约书亚和基遍人的协议变得不公平,因为相对于(3,3)结果的可能性来说,(2,2)结果是不稳定的。

因为基遍人知道他们的诡计可能会被发现，所以他们得到（2）的结果也不会沮丧，也由此避免了灭亡。另一方面，约书亚有更多的理由来对"机会"的选择表示遗憾。但是（2，2）结果被选择，如果全算在"机会"头上的话可能也不太公平。毕竟正是基遍人的诡计给了"机会"以动机，所以他们也必须分担这样一个不公平的协议的责任。甚至约书亚似乎也不是完全没有责任的，因为他没有采取足够小心的态度来检查基遍人所说的话的真实性。就像以撒拒绝相信"以扫"（雅各）是假冒的，约书亚的轻信——也许是对上帝的不尊重——倒过来也欺骗了他。

不管约书亚被欺骗的责任该由谁来承担，如果所有的博弈方都能充分意识到博弈树中的步骤时，我想协议签订时就不会是我想的这样子。因为现在所进行的这个博弈，至少对于约书亚来说，是一个非完全信息的博弈——只有约书亚同意了基遍人的请求，才使得这个协议不公平。

如果约书亚按照他的怀疑来行动，或者他咨询了上帝，那么协议的"不公平"就显而易见了，他就可能有很好的理由去拒绝基遍人的请求。实际上，他的"很好的理由"将会使拒绝基遍人的请求的回报（1，2）变成为（1，3）；理性的考虑将会使他拒绝基遍人的请求，因为他可能由此得到最好的结果（3）。

这当然不是约书亚看问题的方式。因为他没有产生足够多的怀疑，他允许了一个我称为是"机会"的难以捉摸的博弈者采取了行动——也许是扮演了上帝的角色。虽然约书亚和首领们被"机会"的行动伤害了——圣经说在基遍人的诡计被发现后，以色列人"就向首领发怨言"（《约书亚记》9：18），但是似乎看起来双方都对协议的后续发展表示满意。基遍人保全了性命，约书亚和以色列人也有了侍奉他们的奴隶；所以这个协议也就不再是一笔糟糕的买卖了。

6.4　所罗门的智慧

圣经中大部分的"智慧"都是言简意赅的，比如在《箴言篇》中，都是关于恰当的行为的建议、对不恰当行为的劝告以及旨在指导各种事务的各种五花八门的说法和格言警句。当然，我已经讨论过，教训，意味着从冲突和阴谋的故事中学到什么，但是这些故事中所包含的信息通常不是那么直接的，而且经常有不同的解释。

这的确是一个罕见的故事——灌输给一个不同于上帝的人物形象（或者是上帝站在他这一边）以似乎超出常人的高超智慧和深刻洞察。当然，大部分人都能按照他们的偏好理性地行动，还有一些人像该隐，或者晚年的摩西，他们在上帝面前提出意见，体现了他们自己是杰出的策略家。然而我们还难以发现这样的人类角色——当和自己的同类竞争时，他们凭借着自己如同上帝一样的智慧，以传奇人物的形象出现。

可就是《旧约》中，就有一个圣经人物特别突出，使得以上这句话有了显著的例外——他就是所罗门，他在大卫（大卫的特点将在第 7 章和第 8 章讨论）之后成为以色列的王。人们经常想到的是所罗门的惊人的断案，在《列王纪上》的第 3 章里有 12 个句子。

这个判决主要关于该如何处置一个婴儿，有两个女人都说是婴儿的母亲。我将这个断案模型化为一个博弈——由所罗门设计——来考验这两个女人说的话的真实性。虽然这个博弈在进行时其中一个母亲首先采取行动，但是所罗门能设立不同的规则来允许他们同时行动，仍然能够得出同样的结果。同样，我将说明能够从所罗门的博弈中得出的"明智的断案"的概念，来补充之前定义的"公平的协议"的概念。不同于"公平的协议"只取决于协议双方作出的选择，"明智的断案"还依赖于一个能在争议的双方中作出裁决的非博弈者的选择。

两个妓女争吵着来到所罗门的面前,才有了"所罗门的博弈":

> 一个说:"我主啊,我和这妇人同住一房,她在房中的时候,我生了一
> 个男孩;我生孩子后第三日,这妇人也生了孩子。我们是同住的,除了我
> 们二人之外,房中再没有别人。夜间,这妇人睡着的时候,压死了她的孩
> 子。她半夜起来,趁我睡着,从我旁边把我的孩子抢去,放在她怀里,将她
> 的死孩子放在我怀里。天要亮的时候,我起来要给我的孩子吃奶,不料,
> 孩子死了。及至天亮,我细细地察看,不是所生的孩子。"(《列王纪上》3:
> 17—21)

另外一个妓女对她们遭遇的情况提出异议:

> 不然,活孩子是我的,死孩子是你的。(《列王纪上》3:22)

两个女人都继续在所罗门面前争吵,而所罗门在心里想:

> "这妇人说:'活孩子是我的,死孩子是你的。'那妇人说:'不然,死孩
> 子是你的,活孩子是我的。'"就吩咐说:"拿刀来。"(《列王纪上》3:23—24)

所罗门的解决方案令人惊讶的简单:

> 将活孩子劈成两半,一半给那妇人,一半给这妇人。(《列王纪上》3:25)

这个解决方案的精妙之处凸显在两个申诉人的反应之中:

> 活孩子的母亲为自己的孩子心里急痛,就说:"求我主将活孩子给那
> 妇人吧!万不可杀他。"那妇人说:"这孩子也不归我,也不归你,把他劈了
> 吧!"(《列王纪上》3:26)

然后所罗门就宣布了判决结果:

王说："将活孩子给这妇人，万不可杀他，这妇人实在是他的母亲。"

（《列王纪上》3:27）

随后这个故事用以下的话来结尾：

以色列众人听见王这样的判断，就都敬畏他，因为见他心里有神的智

慧，能以断案。（《列王纪上》3:28）

这样所罗门的判决就成了榜样，他也受到人们的尊敬。

在回应将孩子砍成两半的命令时，两个女人之间进行的博弈的结果矩阵，用图

6.4 表示。我假设，孩子母亲的目标是救她的孩子，而骗子是想得到所罗门的好感；

骗子同意了所罗门的决定，说明她丝毫不为孩子着想，更不用说去拥有孩子了。

	骗子	
	抗议命令(P)	不抗议命令($\overline{P}$)
抗议命令(P)	婴儿肯定被救 (4, 2)	婴儿可能被救，骗子赢得所 罗门好感 (3, 4)
母亲 不抗议命令($\overline{P}$)	婴儿可能被救，骗子失去所 罗门好感 (2, 1)	婴儿肯定被杀 (1, 3)

注：
(x, y)＝(母亲，骗子)
4＝最优；3＝次优；2＝较差；1＝最差

图 6.4 所罗门博弈的结果矩阵

说得更具体些，我相信孩子的母亲将会考虑，如果两个母亲一起抗议所罗门的

命令，将得到最优结果(4)，因为她们共同抗议最有可能救下孩子。如果孩子母亲

一个人抗议，孩子也许能被救下，所以这将是孩子母亲的次优结果(3)。

后面一个策略将会导致骗子得到最好结果(4)；她将赢得所罗门的好感，因为

孩子母亲一个人的抗议将很清楚地区分骗子支持国王的命令而孩子的母亲不支

持。骗子接下去可能会偏好她和孩子的母亲都不反抗国王的命令,从而得到(3)的结果,因为那时虽然她不能被顺利地选出,她也不会被国王不喜欢。虽然对于孩子的母亲,这个策略将会导致她的最差结果(1),因为婴儿肯定会死。

我假设,对于孩子的母亲来说,如果她不抗议而骗子抗议,将得到一个比(1)更好的结果(2),婴儿可能得救,但是婴儿不归她。事实上我相信,母亲下场将会很悲惨,因为她抛弃了孩子而骗子却没有,但是婴儿可能在这样的情况下活下来,从而避免了母亲这边发生最差的情况。另一方面,对于骗子来说,这将会是一个可恨的结果(1),因为她抗议国王的命令而孩子的母亲没有,所以她可能得不到国王的喜欢。就像我之前说的,骗子最偏好的结果恰恰与此相反。

实际上进行的博弈是,孩子的母亲首先表态,抗议了国王的命令;然后骗子才回应。这个2×4的回报矩阵用图6.5表示,显示了两个母亲都有占优策略:母亲抗议(P),骗子无论如何也不抗议($\overline{P}/\overline{P}$),将导致结果(3,4),对于母亲来说是次优结果,对于骗子来说是最优结果。

	骗子			
	P/P	$\overline{P}/\overline{P}$	P/$\overline{P}$	$\overline{P}$/P
母亲 P	(4, 2)	(3, 4)	(4, 2)	(3, 4) ←抗议占优
母亲 $\overline{P}$	(2, 1)	(1, 3)	(1, 3)	(2, 1)

无论如何不抗议占优

注:
(x, y)=(母亲,骗子)
4=最优;3=次优;2=较差;1=最差
圈出的是理性结果

图6.5 所罗门博弈的回报矩阵

幸运的是,所罗门寻求真相时,已经预见了两个女人真实的偏好。他正确地估计到这两个女人进行的博弈,和我建模的博弈一致:母亲的首要任务是救下孩子,甚至会付出让骗子得到孩子的代价。因此，所罗门正在和这两个女人进行一个大博弈，所罗门已经看出来在他设计的这个博弈中她们的策略选择，以此作为她们谁在说实话的证据，也正是他最终有意要揭示的。

"明智的断案"包括了一个仲裁人，他能设立一个博弈，来区分说真话和说假话的争论者。也就是说，仲裁人设计了博弈的规则，这个博弈的进行会显示出哪个博弈者是欺骗者（假设争论一方说真话，另外一方说假话）。这样的判决是"明智的"，因为它通过引出回答，来区分诚实的博弈者和不诚实的博弈者，当这些回答被正确地理解时，就能显示出谁在说谎而谁说的是真话。

"正确地理解"很难定义，但是一个必要的条件是，博弈者们不知道仲裁人对他们策略选择的理解。如果他们知道，那么可以想见，博弈者会进行一个和仲裁人的意图不同的博弈，因此仲裁人也不会得到他想要用来揭示真相的回答。

举例来说，假设骗子知道所罗门并不渴望她赞成他的命令，反而是喜欢抗议他命令的女人，那么很明显，骗子要受益的话就要抗议，于是这个博弈将无法区分谁是孩子的母亲。

当然，仲裁人确实想要让争论者进行一个博弈，但是争论者偏好的结构不应该是：一个博弈者必须预见到另一个博弈者的选择才能作出一个理性选择。这一点可以用"所罗门博弈"来说明，注意到，图 6.5 中每个女人都有一个占优策略，各方都不必去预测对方的选择。不管对方的选择是什么，两个女人的占优选择都最好与对方相反。

很容易说明的一点是，博弈规则稍作改变将仍然可以从两个女人那里得到显示真相的回答。如果两个女人在各自的房间，所罗门向她们传达他的命令，那么她们将会进行图 6.4 的博弈，因为一方无法回应另外一方的选择。也就是说，因为每个人作出策略选择时都无视另一个人的选择，所以这个博弈就可以被模型化为

2×2 的博弈。

在图 6.4 的 2×2 的博弈中,两个女人都有一个占优策略——骗子想要同意国王的命令,母亲要抗议。因此,这个博弈,就和实际进行的 2×4 的博弈一样——孩子的母亲先对国王的命令有反应,随后骗子知道了她的回答——都将会查获出真相。

为了能够让这种类型的分析更进一步,假设在一个假想的博弈中,骗子的偏好和孩子母亲的一样:两个人都偏好双方同时抗议(4,4),都最不偏好不抗议(1,1);每个人接下去比较喜欢自己抗议(3)而对方不抗议(2)。注意,在这个新的博弈中,骗子不再有同意国王命令的占优策略;相反,她跟孩子的母亲一样,有一个抗议的占优策略,因此将保证双方都得到最优结果(4,4)。

然而这个博弈不是一个包含欺骗的博弈,也无法确定谁是孩子的母亲。很自然地,如果两个母亲都偏向母爱,两个人都抗议命令,那么对所罗门来说事情就不那么简单了。但是,应该不会是这样,因为如果两个女人都真的相信自己才是孩子的母亲,那么仅凭外部证据就无法判断谁是孩子的母亲了,仅靠明智的断案自身来解决这个问题是不够的。博弈将无法被构建来获得真相,哪怕是所罗门也不能——如果根本没有任何真相可以被获得!

6.5 总结

《旧约》中的这些似乎最关注正义和智慧的故事都包含了欺骗,这可能并不是巧合:喇合欺骗了自己的国王藏匿以色列探子,并帮助他们逃跑;基遍人欺骗约书亚,让他相信他们是远道而来的民族;两个妓女中有一个欺骗所罗门说婴儿是她的。

正是这些故事中的欺骗的元素,强迫人物来作出困难的策略选择和道德决策:

1. 喇合藏匿的探子应该相信一个欺骗她国王的妓女吗? 他们确实相信了,喇合首先必须显示出她的信仰,然后探子强迫她痛苦地意识到她的命运和他们联系在一起。相互的理解使得她出卖探子将是非理性的,也因此使得他们达成的协议变得公平。

2. 约书亚应该相信基遍人的故事吗? 仅凭外表就该接受他们给他看的长途旅行的证据吗? 他确实相信了——尽管他有些怀疑,他向他们许诺了和平协议,只是在三天后才认识到自己的愚蠢。这个协议是不公平的,就是因为"机会"(或者上帝)让它变得不稳定,因为约书亚还可能选择和基遍人打一仗——当他把他的怀疑放在一边,没有咨询上帝的时候,他没有想到这些。

3. 所罗门应该执行命令,来把被人争夺的孩子切成两半吗? 他的智慧和敏锐始终照耀着:两个妓女进行的博弈和他猜想的一致,她们对他的命令有所回应,他评估了这些回应后又撤销了命令,将孩子判给了提出抗议的母亲。这个教训似乎是,如果一个仲裁人欺骗了正在接受判决的争议者,并用这种方法来显示哪个争议者说了真话,那么他就是一个智者。

这些决策提出了一个有趣的伦理问题:欺骗可以被用来为正义和智慧服务吗? 喇合和以色列探子达成一个公平的协议,因为她欺骗了她的国王,而所罗门的裁决得到喝彩,因为他哄骗了骗子来认为他希望命令能得到肯定。甚至基遍人也能因他们机智的策略而被赞赏,虽然他们将一个不公平的协议骗售给了无知又不够敬畏上帝的约书亚。

这些故事都引起了难以解决的哲学问题——考虑到欺骗的道德性,尤其是它至少在表面上和公平的协议和明智的断案有所联系。我注意到所罗门的正直被广泛地褒扬了,但是我们能很好地想象,一个天才的裁决博弈只引出了半真半假的陈述,或者说没有把引出的信息放到一个合适的语境中去。②

　　我们设想法律规则能阻止这样的事情发生,但是法律也当然不是完美的。所罗门式的明断性格缺失时,不讲道德的个人可能会成功地破坏协议或者颠覆社会制度。圣经故事教会了我们,在某些形势下,如果能很好地了解以及合理地尊重策略上存在的弱点,这样的问题就会被改善。

　　如果没有保障措施来实施,道德将是空洞无力的,约书亚就惊愕地学到了这一点。这些保障可能很清晰,就像喇合和探子们同意的那些,也可能隐含在博弈的本质中——就像在两个争夺孩子的妓女所进行的博弈中,她们都不够精明以看透所罗门的动机。然而,我判断说像所罗门这样危险的判案计划,因为设想博弈方会很天真,所以有时可能会得不到保障。

【注　释】

① 因为基遍人相信,约书亚通过摩西被保证得到"全地赐给你们,并在你们面前灭绝这地的一切居民"(《约书亚记》9:24),所以他们似乎很可能在某个时刻被揭开真相。这之后,也只有这之后,签订一个协议才能救他们。

② Sissela Bok, *Lying:Moral Choice in Public and Private Life*(New York:Pantheon Books, 1978),提供了这些问题的良好分析。同时参见 Steven J.Brams, "Deception in 2×2 Games", *Journals of Peace Science*, 2(Sping 1977):171—203;和 Steven J. Brams and Frank C.Zagare, "Deception in Simple Voting Games", *Social Science Research*, 6(September 1977):257—272.

第 7 章　王室的冲突

7.1　引言

从《撒母耳记上》开始,王室成员(国王和王后等人)作为博弈者,出现在《旧约》的圣经博弈中。《旧约》中的三个主要的以色列国王,分别是扫罗、大卫和所罗门(我在之前的一章里说他不仅是国王也是一个不寻常的智者)。在这一章,我将相当详细地讨论扫罗的执政阶段,包括他和大卫的斗争,在第 8 章里,我还会将大卫生活中的另一个片段拿出来讨论。

我也要在这一章讲一个非以色列国王的故事,他的朝廷充满了阴谋。这个国王和他的第二个王后以斯帖的关系,将是这里的分析的焦点。因为这个关系的发展,将在很大程度上决定以斯帖和她王室争宠的主要敌人哈曼权利斗争的结果,所以我认为他们的冲突是"王室的"。另一方面,更早些时候,国王和他的第一个王后瓦实提的斗争,我也认为这比一般的性别斗争更多地反映了王室的特点——相应的,我会在第 8 章加以分析。

要很好地区分王室的冲突和本书讨论的其他的冲突和阴谋,可能也很难做到。举例来说,在扫罗统治的初期,他与上帝和撒母耳的无声的冲突,似乎很大程度上起因于他的对手对他妒火中烧。比起其他特别的王室情感来说,这种情感更加类似于该隐被拒绝后因妒忌而杀死亚伯。上帝和撒母耳的妒忌也和该隐相似。

如果王室冲突和其他冲突的形式有所不同,这种不同也许是在于——王权通常享有合法性优先。因此,某些人会期待王权进入大多数的冲突,带着某些优势,来使他们变成更强有力的博弈者。然而,就像扫罗的问题显示的,这种内在的优势也只有在上帝不处于对立面的时候才有重要意义。

7.2　扫罗的薄弱地位

迦南的大部分斗争和安顿工作结束后,撒母耳就成为了以色列的第一个先知和士师。当以色列的长老们"求你为我们立一个王治理我们,像列国一样"(《撒母耳记上》8:5)时,撒母耳很愤怒。上帝也很生气,他告诉撒母耳:

> 百姓向你说的一切话,你只管依从,因为他们不是厌弃你,乃是厌弃我,不要我作他们的王。自从我领他们出埃及到如今,他们常常离弃我,侍奉别神。现在他们向你所行的,是照他们素来所行的。故此你要依从他们的话,只是当警戒他们,告诉他们将来那王怎样管辖他们。(《撒母耳记上》8:7—9)

撒母耳称职地警告人们说,他们纠缠撒母耳而后得到的国王,将会征召他们的儿子服兵役,让他们的女儿"为他制造香膏,作饭烤饼"(《撒母耳记上》8:13)。人民要把他们最好的田地、葡萄园、橄榄园给予他的臣仆，把他们的五谷、葡萄的十分之一给予他的宫廷大臣和其他官员。最糟糕的是：

> 你们也必作他的仆人。那时你们必因所选的王哀求耶和华，耶和华却不应允你们。(《撒母耳记上》8:17—18)

但是人们拒绝听从：

> "不然，我们定要一个王治理我们，使我们像列国一样，有王治理我们，统领我们，为我们争战。"(《撒母耳记上》8:19—20)

耶和华对撒母耳说："你只管依从他们的话，为他们立王。"(《撒母耳记上》8:22)在上帝的命令下，撒母耳就指定扫罗来统治以色列人，指导他：

> 你当在我以先下到吉甲；我也必下到那里献燔祭和平安祭。你要等候七日，等我到了那里，指示你当行的事。(《撒母耳记上》10:8)

但是撒母耳在七日以后没有到，"百姓也离开扫罗散去了"(《撒母耳记上》13:8)。为了防止叛乱，扫罗就献祭，当他完成时，撒母耳来了，严正地责备他：

> "你作的是什么事呢？"扫罗说："因为我见百姓离开我散去，你也不照所定的日期来到，而且非利士人聚集在密抹。所以我心里说：恐怕我没有祷告耶和华，非利士人下到吉甲攻击我；我就勉强献上燔祭。"(《撒母耳记上》13:11—12)

但是这个答案对撒母耳来说不够满意，他预示了上帝之后的不快和失和：

> 撒母耳对扫罗说："你作了糊涂事了，没有遵守耶和华你上帝吩咐你的命令。若遵守，他耶和华必在以色列中坚立你的王位，直到永远。现在你的王位必不长久。耶和华已经寻着一个合他心意的人，立他作百姓的

君,因为你没有遵守耶和华所吩咐你的。"(《撒母耳记上》13:13—14)

因此扫罗已经被预言了他的结局,很清楚,扫罗已经被当成了一个替罪羊——虽然之前他被判为是做国王的最佳人选,

> 他有一个儿子,名叫扫罗,又健壮又俊美,在以色列人中没有一个能
>
> 比他的;身体比众民高过一头。(《撒母耳记上》9:2)

但是尽管扫罗有这些令人印象深刻的体质特点,上帝也不能就这么简单地从人民的忘恩负义中缓过气来。在他膏立扫罗为国王的时候,撒母耳引用了上帝的话,加上了他自己的重复:

> "我领你们以色列人出埃及,救你们脱离埃及人的手,又救你们脱离
>
> 欺压你们各国之人的手。"你们今日却厌弃了救你们脱离一切灾难的神,
>
> 说:"求你立一个王治理我们。"(《撒母耳记上》10:18—19)

人民最终被责备,感受到了上帝的敌意,他们恳求撒母耳:

> "求你为仆人们祷告耶和华你的神祷告,免得我们死亡,因为我们求
>
> 立王的事,正是罪上加罪了。"(《撒母耳记上》12:19)

撒母耳给人们提供了一个保证性的回答,但是用一个警告来总结"你们若仍然作恶,你们和你们的王必一同灭亡。"(《撒母耳记上》12:25)

扫罗的例子更加令人同情,是因为他从来没有寻求过王位。他自己发表了自贬声明,

> 我不是以色列支派中至小的便雅悯人吗?我家不是便雅悯支派中至
>
> 小的家吗?(《撒母耳记上》9:21)

之前撒母耳还告诉他整个以色列都需要他。在扫罗关于他自己资格的自贬声明

之后,他又怀疑地问:"你(撒母耳)为何对我说这样的话呢?"(《撒母耳记上》9:21)

上帝确实帮助了扫罗和以色列人打败了亚扪人和非利士人,赢得了胜利。但是,除了在较早之前暗示了扫罗将最终毁灭的令人不安的迹象之外,上帝还有所隐瞒。比如,当扫罗询问上帝是否要追击落荒而逃的非利士人时,他没有得到答案。

另一方面,扫罗却没有隐瞒什么。他作出了巨大的努力来尊敬上帝,甚至因为自己的儿子约拿单违反了他的禁食令所以要用他来献祭。约拿单承认确实有小小的过错,他"以手里的杖,用杖头蘸了一点蜜尝了一尝"(《撒母耳记上》14:43),但在民众的反对之下,他得救了。

上帝对扫罗的态度至今是矛盾的,他之前很不情愿地立他为国王,最终也为他的毁灭和晚节不保铺了一条道路。而撒母耳,很乐意地成为了同谋,他跟扫罗说了上帝的话:

> 以色列人出埃及的时候,在路上亚玛力人怎样对待他们,怎样抵挡他们,我都没忘。现在你要去击打亚玛力人,灭尽他们所有的,不可怜惜他们,将男女、孩童、吃奶的,并牛、羊、骆驼和驴,尽行杀死。(《撒母耳记上》15:2—3)

真是一个非常严厉的法令,尤其是自从以色列人逃离埃及后,已经经历了几代人。但是人们都知道上帝不是那么健忘的,尤其是当上帝在亲自过问这些事时。

扫罗负责地执行了这个野蛮的法令,但是留下了亚玛力人的首领亚甲的性命,并且:

> 扫罗和百姓却怜惜亚甲,也爱惜上好的牛、羊、牛犊、羊羔,并一切美物,不肯灭绝;凡下贱瘦弱的,尽都杀了。(《撒母耳记上》15:9)

"我立扫罗为王,我后悔了,因为他转去不跟从我,不遵守我的命令。"

撒母耳便甚忧愁,终夜哀求耶和华。(《撒母耳记上》15:11)。

和扫罗的关系从来不怎么样的撒母耳也很生气。当他被告知扫罗已经为自己设立了一个纪念碑时,他更加愤怒了。使事情更糟糕的是,扫罗见到撒母耳的时候还没有悔恨之意,说他遵守了上帝的命令。撒母耳指着扫罗拿走的羊和牛猛烈地批评了他,但是扫罗反驳说这些动物可以被留下来作为上帝的祭品。

两个人关于这个问题不断地不依不休地争执,直到撒母耳被迫将上帝的愿望清楚地表述:

> 撒母耳说:
>
> 耶和华喜悦燔祭和平安祭,
>
> 岂如喜悦人听从他的话呢?
>
> 听命胜于献祭;
>
> 顺从胜于公羊的脂油。(《撒母耳记上》15:22)

扫罗对撒母耳说:"我有罪了,我因惧怕百姓,听从他们的话,就违背了耶和华的命令和你的言语。"(《撒母耳记上》15:24)

从我看来,上帝/撒母耳和扫罗进行的博弈从一开始就是不公平的。可以说,扫罗自己都不知道是从哪里选来又被立为王的,就像摩西早先突然被选中成为以色列人的领导(第5.2节)一样。但是这两个形象有重要差别:上帝愿意给摩西几乎所有他所需要的帮助,还包括摩西能有一个兄弟站在他这一边为他说出他想要说的话;与此相反,扫罗从上帝这里得到的帮助要少得可怜。上帝明显非常不安——他的子民竟然希望有一个国王,何况是强烈要求。上帝对他们这种轻率的行为彻底丧失信心,他发现扫罗可以明显作为一个发泄愤怒的靶子。

因为他们之间的紧张关系,即使撒母耳作为士师的角色将会使他成为一个指导新国王的理想的教练，他对扫罗的帮助也不多。然而，撒母耳有他自己要承受的怨恨：他的儿子们早已经被以色列的长老们拒绝，而撒母耳在年老后还想寻找机会将儿子们命为接替他的士师。长老们只是告诉撒母耳，"你儿子不行你的道"（《撒母耳记上》8：5），而圣经还说他的儿子们"不行他的道，贪图财利，收受贿赂，屈枉正直"（《撒母耳记上》8：3）。

所以当然就不用惊讶了，灰心的上帝和他的充满怨恨的奉承者撒母耳，将会向一个倒霉的扫罗发起猛攻。也许令人惊讶的是，他们起初进行报复还不敢太声张，大部分时候用的是暗示。他们甚至通过了人民的提议，支持一个他们不能忍受的国王，唯恐因违背了尊重人民意愿的承诺而受到谴责。

事实上，也正是"人民"，可能无意之中扮演了使得扫罗大起大落的最重要的角色。当民众不恰当地迫切需要一个国王的时候，上帝不情愿地同意了他们的愿望；当他们又收回要求时——部分是为了安抚上帝——他们的反悔让上帝有机可乘。在这些例子中上帝是一个民主人士还是一个乞怜的独断者，我可不好说。

人民得到了夸夸其谈式的尊重，但是他们也没有为他们最初的愿望给出很好的理由——仅仅是渴望和其他国家一样有一个国王能带领他们战斗。难怪上帝感到愤怒，他自己的选民竟然对领导喜欢什么都傻傻分不清楚！

但是人们承认，在要求有一个王的道路上走得太远时，他们表明意愿要撤回请求，此时上帝和撒母耳已准备好介入策划扫罗的倒台。扫罗没有能够落实上帝要在一场恐怖的屠杀中消灭亚玛力人的命令，正好撒母耳需要这个借口来结束扫罗的统治：

> 你既厌弃了耶和华的命令，
>
> 耶和华也厌弃你作王。（《撒母耳记上》15：23）

为什么扫罗没有严格地执行上帝的命令呢？一旦扫罗从撒母耳那里得知上帝

不再站在他这边了(《撒母耳记上》13：13—14)，他也许就已经决定,此时的他别无选择,只能保护自己,并听从百姓(《撒母耳记上》15：24)——至少和听从上帝一样。照这样的情况,上帝放弃扫罗,可能削弱了扫罗对上帝的信仰,反而激发了他违抗上帝的意愿并最终倒台,因此也实现了撒母耳早期的预言。

在撒母耳和扫罗分开的场景中,扫罗和上帝之间最后的裂痕也象征性地得到了回应：

> 撒母耳转身要走,扫罗就扯住他外袍的衣襟,衣襟就撕断了。撒母耳对他说："如此,今日耶和华使以色列国与你断绝,将这国赐与比你更好的人。以色列的大能者必不至说谎,也不至后悔。因为他迥非世人,决不后悔。"(《撒母耳记上》15：27—29)

在我看来,撒母耳的陈述就不符合扫罗执政的事实以及这之前发生的事。当人民大声疾呼要求有一个国王的时候,上帝确实改变了主意。而且,当扫罗被任命就职后,他得到的神的支持立刻就消失了。当人民自己对拥有一个国王的事需要再作打算时,上帝就迫不及待地将他的暗示升级至与他原来的立场完全相反的地步。虽然扫罗在听从人民这方面显得比较软弱,也没有严格遵从上帝的命令,但是他之所以被上帝和撒母耳严厉地责骂,不仅有曲折的隐情,而且还带有被算计的味道。

在这个肮脏的事件中,上帝和撒母耳的行动,我认为完全符合他们的动机：基本上是因为人民要求有国王,他们感到被羞辱而报仇。(我们不清楚,为什么人民没有因为变节而直接受惩罚,但是可以想见,上帝和撒母耳发现在他们的活替身身上发泄愤怒和不快更加容易。)不幸的扫罗被他们的持续的挑衅和两面三刀连番攻击,成了孤家寡人,他的王位也就成了鸡肋。

我觉得,不去同情扫罗那太难了,因为他正在和超出他控制的敌对力量进行一场不公平的博弈中努力避免失败。然而,我们不能忽视这个事实:如果说上帝和撒母耳在这件事中的行动是不光彩的,那么还有反复无常的人民一起站在了他们身后,既影响了他们的选择,也影响了扫罗的。在这个悲伤的故事中,人民是至关重要的幕后博弈者。

7.3 和大卫的冲突

如果说扫罗被上帝厌弃能立刻结束他自己的悲惨处境,那就好了——可事情不止于此,因为上帝还不满足于只厌弃扫罗。圣经称:"有恶魔从耶和华那里来扰乱他(扫罗)。"(《撒母耳记上》16:14)

为了能够赶走恶魔,扫罗的仆人找到了一个"大有勇敢的战士,说话合宜,容貌俊美"(《撒母耳记上》16:18),他就是大卫——他弹竖琴,给了扫罗宽慰。扫罗很喜欢大卫,让他成为拿兵器的侍卫之一。

大卫不久就收获了名望,他杀了非利士的巨人歌利亚(Goliath)。在这次胜利之后,他又在每一个为扫罗所做的冒险中都获得了成功,所以扫罗让他统帅全军。

在杀了很多非利士人之后,大卫名声更加显赫了。实际上,他带着军队归来的时候,女人们跳着舞迎接大卫的凯旋,并且哼着"以下犯上"的小曲:

> "扫罗杀死千千,大卫杀死万万。"(《撒母耳记上》18:7)

现在扫罗对他的王国内升起的新星的妒忌,与早些时间上帝和撒母耳对扫罗的妒忌已经不相上下了:

> 扫罗甚发怒,不喜悦这话,就说:"将万万归大卫,千千归我,只剩下王
> 位没有给他了。"从这日起,扫罗就怒视大卫。(《撒母耳记上》18:8—9)

从神那里来的恶魔大大降在扫罗身上,他就在家中胡言乱语。大卫照常弹琴,扫罗手里拿着枪。扫罗把枪一抡,心里说,我要将大卫刺透,钉在墙上。大卫躲避他两次。

扫罗惧怕大卫,因为耶和华离开自己,与大卫同在。所以扫罗使大卫离开自己立他为千夫长,他就领兵出入。大卫作事无不精明,耶和华也与他同在(《撒母耳记上》18:10—14)

这些征兆再明显不过了。在民众的眼中,大卫这颗新星冉冉升起。扫罗接下去想让他的长女和大卫结婚,只要大卫能保证和非利士人战斗。这个计划没有成功,但是当扫罗的另外一个女儿米甲(Michal)爱上了大卫后,扫罗认识到米甲嫁给大卫也同样符合他的计划:

我将这女儿给大卫,作他的网罗,好藉非利士人的手害他。(《撒母耳记上》18:21)

但是大卫没有死;事实上,他杀死了200个非利士人,超过了缴纳100个人的阳皮的聘礼要求。结果扫罗就"更怕大卫,常作大卫的仇敌"(《撒母耳记上》18:29)。这个裂缝似乎已经变得无法弥补。

扫罗由于害怕,不久就产生了更多的恶意。

扫罗对他的儿子约拿单和众臣仆说,要杀大卫。约拿单却甚喜爱大卫,约拿单告诉大卫说:"我父扫罗想要杀你。"(《撒母耳记上》19:1—2)

约拿单勇敢地谴责了他父亲的恶毒计划,提醒他父亲说大卫不仅没有做对不起他的事情,而且大卫还冒着生命危险去杀非利士人。被约拿单谴责以后,扫罗也没有提反对意见,把大卫迎到了他的家里。

但是上帝的恶魔仍然回到了扫罗那里,他再一次地想要用长矛钉死大卫,但是又没有成功。大卫躲开以后逃走了，扫罗就再一次设计来杀他，但大卫的妻子米甲挫败了她父亲的计划，她让大卫从窗口滑下去，然后在床上放了一个假人。扫罗刻薄地问米甲：

> "你为什么这样欺哄我，放我仇敌逃走呢？"米甲回答说，"他对我说：
> '你放我走，不然，我要杀你。'"（《撒母耳记上》19：17）

米甲撒了谎，因为实际上是米甲劝说大卫逃跑的。虽然米甲对大卫很忠诚，但是她没有和她弟弟约拿单一样对她的父亲诚实。

大卫几次从扫罗这里侥幸逃脱。大卫作为一个逃亡者，有一次是得到了扫罗的宿敌——先知撒母耳——的帮助，还有几次是得到了约拿单的帮助。

事实上，约拿单爱大卫就"如同爱自己的性命"（《撒母耳记上》18：1），他对大卫的忠诚，使得约拿单在一个尖刻、暴乱、充满辱骂的对话中，不得不和他的父亲决裂：

> 扫罗向约拿单发怒，对他说："你这顽梗背逆之妇人所生的，我岂不知道你喜悦耶西的儿子，自取其辱，以致你母亲露体蒙羞吗？……现在你要打发人去，将他捉拿交给我。他是该死的。"约拿单对父亲扫罗说："他为什么该死呢？他作了什么呢？"
>
> 扫罗向约拿单抡枪要刺他。约拿单就知道父亲决意要杀大卫。于是约拿单气忿忿地从席上起来。（《撒母耳记上》20：30—34）

当约拿单下一次见到大卫时，这个场景也充满了感情：

> 二人亲嘴，彼此哭泣；大卫哭得更恸。（《撒母耳记上》20：41）

和第3章讨论的家庭冲突不同，这个尖锐的冲突发生在扫罗和约拿单之间——同时包括了大卫，超出了他们直系的家庭成员的范围。

大卫及时地组织了一群人,在野地里保护自己,在逃避扫罗的同时,还要和非利士人打仗。在这期间,他和约拿单一起谋划,约拿单劝说他:

> "不要惧怕,我父扫罗的手必不加害于你。你必作以色列的王,我也作你的宰相;这事我父扫罗知道了。"于是二人在耶和华面前立约。(《撒母耳记上》23:17—18)

因此似乎约拿单支持大卫的基础是对未来地位和友谊的憧憬。

到目前为止,扫罗追击大卫,可以按一个完全对抗性博弈(见第 2.4 节)来建模,其中每个博弈者有两个策略。扫罗可能追击大卫也可能不追击,而大卫必须选择逃离扫罗或者是不逃离,现在的结果矩阵用图 7.1 来表示。

		大卫	
		逃离扫罗(F)	不逃离扫罗(F̄)
扫罗	追击大卫(P)	大卫逃离,未解决 (2,2)	大卫被抓住,扫罗赢了 (3,1)
	不追击大卫(P̄)	逃离无用,未解决 (2,2)	大卫得到荣誉,扫罗输了 (1,3)

注:
(x,y)=(扫罗,大卫)
3=最优;2=中;1=最差

图 7.1　大卫逃离的结果矩阵

如果分三个级别的话,我假设,大卫逃离扫罗,双方都得到"中"的结果(2),这是因为,假设大卫逃避扫罗,如果扫罗追击他,大卫仍然逃亡,那么他们将没有办法解决冲突。另一方面,我假设如果大卫没有逃跑,并最终被抓住(1),那么扫罗赢了(3);如果扫罗没有追击大卫,大卫仍留在王国内,大卫得到荣誉(3),扫罗就输了(1)。因此,这个博弈就变成了一个要么赢要么输的博弈,要么冲突无法解决从而导致博弈不断重复。

因为在这个博弈中，大卫的策略选择在扫罗之后，他们的博弈也适合采用2×4博弈的模型，扫罗首先做出选择。在图7.2中所展示的这个博弈的回报矩阵，显示了博弈双方都有占优策略，扫罗的占优策略是追击，而大卫是“针锋相对”策略，最终导致的无解的结果，我相信也是准确地描绘了圣经博弈中实际发生的事情。

扫罗 \ 大卫	F/F	$\overline{F}/\overline{F}$	$F/\overline{F}$	$\overline{F}/F$	
P	(2，2)	(3，1)	**(2，2)**	(3，1)	←追击占优
$\overline{P}$	(2，2)	(1，3)	(1，3)	(2，2)	
			↑ 针锋相对策略占优		

注：
(x，y)＝(扫罗，大卫)
3＝最优；2＝中；1＝最差
圈出的是理性结果

图7.2　大卫逃离的回报矩阵

扫罗和大卫的冲突的解决也不是遥不可及的。扫罗带着三千人疯狂地追击大卫，在一个山洞边停了下来；他们不知道大卫和他的人就藏在里面。一个诡异的场景就发生了：

> 扫罗进去大解，大卫跟随他的人正藏在洞里的深处。跟随的人对大卫说：“耶和华曾应许你说：‘我要将你的仇敌交在你手里，你可以任意待他。’”(《撒母耳记上》24：3—5)

大卫没有让这个机会溜掉：

> 随后大卫心中有责，因为割下扫罗的衣襟；对跟随他的人说：“我的主乃是耶和华的受膏者，我耶和华面前万不敢伸手害他；因他是耶和华的受膏者。”大卫用这话拦住跟随他的人，不容他们起来害扫罗。(《撒母

耳记上》24:5—7)

在扫罗离开山洞时,大卫就对他喊:"我主,我王!"(《撒母耳记上》24:8)扫罗惊讶地回头看,大卫行礼卧倒。圣经将他们俩的处境作了生动的对比:

> 你为何听信人的谗言,说大卫想要害你呢? 今日你亲眼看见在洞中耶和华将你交在我手里,有人叫我杀你,我却爱惜你,说:"我不敢伸手害我的主,因为他是耶和华的受膏者。"我父啊! 看看你外袍的衣襟在我手中。我割下你的衣襟,没有杀你,你由此可以知道我没有恶意叛逆你。你虽然猎取我的命,我却没有得罪你。愿耶和华在你我中间判断是非。
> (《撒母耳记上》24:10—12)

最后,大卫发誓说,"我却不亲手加害于你"(《撒母耳记上》24:13),扫罗感激地回答:

> 你比我公义,因为你以善待我,我却以恶待你。你今日显明是以善待我,因为耶和华将我交在你手里,你却没有杀我。……我也知道你必作王,以色列的国必竖立在你手里。(《撒母耳记上》24:17—21)

与大卫相比黯然失色的扫罗,证明了他是一个输得起的人。与此同时,大卫也向他发誓会放过扫罗的后代,现在扫罗也不算是输家了!

我相信,扫罗和大卫冲突的最后一阶段的最好模型,将会是一个部分对抗性博弈。这个片段的博弈树用图 7.3 表示。大卫最初首先选择杀死或放过扫罗;然后,割下了扫罗的衣襟后,他能够亲自出现在扫罗面前,给他看衣襟,也可以不这么做;最后,扫罗能够承认他的错误并要求原谅他的子孙后代,或者也可以再次报复。

用三种级别排序的话,很清楚地看出,两个博弈者最好的结果是消除他们的分歧,得到(3,3)。这个后续的冲突能发生在两个方面:如果大卫没有通过展示扫罗

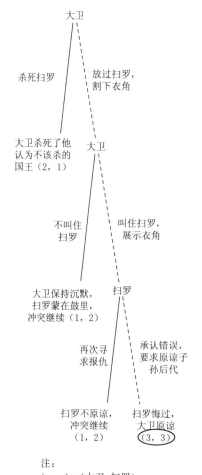

注：
(x, y)＝(大卫,扫罗)
3＝最优,2＝中,1＝最差
圈出的是理性结果

图7.3　扫罗和大卫在山洞对抗的博弈树

的衣襟而暴露自己；或者,如果扫罗,知道大卫宽容他之后,继续坚持追杀大卫。在这两种情况中,我将给大卫最差结果(1),给扫罗"中"的结果(2),因为冲突仍然没有解决。这对大卫来说是特别不利的,因为很明显他不想要博弈再来一遍。

大卫的"中"的结果(2)将会是杀死扫罗。这会解决冲突,但是大卫会杀死一个他认为不该杀的国王。对扫罗来说,当然,死在大卫的剑下将会是最差结果(1)。

从扫罗的最后一步往前推,他的理性选择应该是承认错误,因为(3,3)对他来说优于(1,2)。大卫预计到了这个选择,将会选择把剪下的扫罗的衣襟给他看,因为(3,3)的选择对于他来说,也优于(1,2)或者(2,1)。因此(3,3)在这个博弈中是理性的结果,对于双方来说都比其他结果更满意。

我刚才描述的这个关于扫罗和大卫有冲突的这个片段给出了一个信号——他们的博弈的本质发生了重要变化。大卫在山洞里的戏剧性的行动,清楚地说明了他没有杀扫罗的愿望,于是这个博弈就变成为一个完全一致性博弈,双方都同意最优的结果(3)。因此,大卫的行动对博弈双方来说,使事件产生了一个巧妙的转变,上帝不会,撒母耳也不会愿意——或者能够——在早先他们和扫罗的博弈中这么做。说实在的,早先的博弈散发着诽谤和恶意的秽气,但是现在的博弈——在大卫这一面——散发出温暖和尊重,因为这是上帝授予的王权(也许部分也是被恐惧推动,恐惧上帝会对谋杀一个国王作出惩罚)。讽刺的是,和对待大卫不一样,上帝没有那么看重他授予扫罗的王权的神圣性。

这也许令人有些困惑:扫罗悲惨地遭受上帝和撒母耳的责骂,大卫却在他面前弯腰给他以应有的尊重——尽管扫罗很多次想要大卫的命。为什么大卫这么尊重扫罗,甚至卑躬屈膝呢?"山洞片段"的另一个描述更清楚地表述他想要放过扫罗性命的意图——大卫发现扫罗在帐篷里睡觉:

> "不可害死他。有谁伸手害耶和华的受膏者而无罪呢?"大卫又说:"我指着永生的耶和华起誓,他或被耶和华击打,或是死期到了,或是出战阵亡。"(《撒母耳记上》26:9—10)

事实上,大卫的预测准确得让人惊讶,因为扫罗在一场没有大卫参与的和非利士人的战斗中,被弓箭手所伤,约拿单和扫罗的另外两个儿子也被杀。扫罗在绝望中告诉了他的武士:

> 你拔出刀来将我刺死,免得那些未受割礼的人来刺我、凌辱我。(《撒母耳记上》31:4)

当拿兵器的侍卫拒绝的时候,扫罗在最后的英勇气概中,"自己伏在刀上死了"(《撒母耳记上》31:4)。

7.4 以斯帖的求情

在我要分析的最后一个王室冲突的故事中,英雄主义相对要低调一些。这个冲突没有涉及来自上帝或是一个同为人的竞争者的对一个国王的挑战。更恰当地说，在朝廷中，有一个野心勃勃的朝臣想要打败他的敌人，从而让这个冲突充满了阴谋和花招。

波斯的国王亚哈随鲁王废黜了王后瓦实提（他们的冲突将在第8.4节里面描述）后，整个王国都想寻找一位年轻漂亮的处女成为新的王后。以斯帖从小父母双亡，由她的叔叔末底改领养，"这女子又容貌俊美"（《以斯帖记》2:7）。当她被带到亚哈随鲁王面前的时候，

> 王爱以斯帖过于爱众女，她在王眼前蒙宠爱比众处女更甚。王就把王后的冠冕戴在她头上，立她为王后，代替瓦实提。（《以斯帖记》2:17）

以斯帖是犹太人，但是末底改教她不要把这个事实告诉亚哈随鲁王。另一方面，当末底改发现了一个针对国王的阴谋时，以斯帖不仅告诉了国王——使阴谋策划者被处死，也同时说了她的聪明是来自末底改的教导；这是"将这事在王面前写于历史上"（《以斯帖记》2:23）的。

接下去登场的是哈曼，他被国王推到了朝廷的最高位置。除了末底改，所有人都对他顶礼膜拜。愤怒的哈曼

> 他们已将末底改的本族告诉哈曼，他以为下手害末底改一人是小事，就要灭绝亚哈随鲁王通国所有的犹大人，就是末底改的本族。（《以斯帖记》3:6）

带着对亚哈随鲁王的不满，哈曼将个人的恩怨变成了一场针对全体犹太人的控诉，说他们不听话：

> 有一种民，散居在王国各省的民中，他们的律例与万民的律例不同，

也不守王的律例,所以容留他们与王无益。王若以为美,请下旨意灭绝他们。我就捐一万他连得＊银子,交给掌管国帑的人,纳入王的府库。(《以斯帖记》3:8—9)

国王拒绝了银子但是允许颁布命令,所有的犹太人都要在某一天被处死。

然后犹太人就开始了哀嚎。末底改给以斯帖带信,并嘱咐她"进去见王,为本族的人在王面前恳切祈求"(《以斯帖记》4:8)。但是以斯帖自己也害怕丢了性命,就像她跟末底改解释的:

王的一切臣仆和各省的人民,都知道有一个定例:若不蒙召,擅入内院见王的,无论男女必被治死;除非王向他伸出金杖,得不存活。现在我没有蒙召进去见王已经三十日了。(《以斯帖记》4:11)

末底改嘲笑说,以斯帖应该真的害怕,但不是出于她的这个理由:

你莫想在王宫里强过一切犹大人,得免这祸。此时你若闭口不言,犹大人必从别处得解脱,蒙拯救,你和你父家必至灭亡。(《以斯帖记》4:13—14)

除了这个讽刺的警告外,末底改又暗示说,把她安排上了现在这个王后的位置,也许就是神的旨意:

焉知你得了王后的位分,不是为现今的机会吗?(《以斯帖记》4:14)

以斯帖想从人民那里得到精神上的支持,她作出一个禁欲主义的回应:

你当去招聚书珊城(首都)所有的犹大人,为我禁食三昼三夜,不吃不

＊　古代计量单位,1 万他连得(塔兰特)相当于 34 万公斤银子。——译者注

喝；我和我的宫女也要这样禁食。然后我违例进去见王,我若死就死吧!

(《以斯帖记》4:16)

我认为,从逻辑上来讲,以斯帖要求禁食也不是没有道理。她和亚哈随鲁王进行博弈的结果如图 7.4 的结果矩阵所示。很明显,在国王面前求情,将是一个有风险的策略。但是即使她输了,被国王杀了,她也不能被误解为她没有尽力去救她的人民——事实上对于人民来说她确实将是烈士。所以如果以斯帖求情不成功,我将结果的级别定为她得到次优结果(3)。她的最优结果是求情成功(4)。

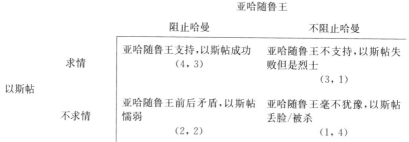

注:
(x, y)＝(以斯帖,亚哈随鲁王)
4＝最优;3＝次优;2＝较差;1＝最差

图 7.4 以斯帖求情的结果矩阵

以斯帖的较差结果(2),将是拒绝她的叔叔,假设哈曼被别的力量阻止了,那么她就会被视为是一个没能救犹太人命的胆小鬼。她最差结果(1)将是,允许灭绝行动的进行,因为她不仅因为哈曼没有被阻止而丢了脸,而且她也可能被杀——就像末底改提醒过的。

我相信,如果以斯帖没有去求情的话,亚哈随鲁王将不会为这个处决命令所困扰,因为他从来没有对犹太人有什么特别的支持。当然,如果以斯帖的宗教身份被他知道的话,亚哈随鲁王将会面临一个使他懊丧的决定——是要处死王后呢还是让她成为一个例外？但是执行计划的人将是哈曼，和亚哈随鲁王没有关系，因为如果以斯帖没有去求情，亚哈随鲁王永远也不会对犹太人事件的真实情况产生疑问，更不用说会得知他的王后也是犹太人。相应的，以斯帖如果不去求情，亚哈随鲁王不会撤销哈曼的命令，我把这种情况定为是国王的最优结果（4）——至少在他得知以斯帖的身份之前。

亚哈随鲁王的次优结果（3）将会是，在以斯帖代表犹太人求情以后，支持他爱的人。较差结果（2）将会是，在没有以斯帖求情的情况下简单地取消他的命令，此时的国王看起来前后矛盾也很软弱。亚哈随鲁王的最差结果（1）将会是，以斯帖求情但他不支持她，所以他会失去的是第二个王后，且是他爱的女人。因此，在图 7.4 的结果矩阵中，以斯帖求情将导致和哈曼面对面摊牌，而以斯帖会胜利——得到她的最好的结果（4）——因为对于亚哈随鲁王来说（3）比（1）好。

这样表示的问题是——或者按照以斯帖首先行动从而得到 2×4 的回报矩阵（这里没有给出），如果国王拒绝向以斯帖伸出金杖，那么对于以斯帖来说，博弈就立刻结束了。因此，说以斯帖有一个求情的选择，这是不太准确的，因为这个选择并不完全由她决定。

我相信，这就是以斯帖要求和她同族的犹太人斋戒的原因。只要她能得到让国王听取意见的机会，她对她有能力说服国王接受她的正确理由毫不怀疑。但是她也确实担心，国王可能不想见她，甚至可能因为她的无礼而杀了她。

我认为以斯帖也担心，假如她没有行动，犹太人没有她的帮助也能得救——就像末底改预测的，这样，她的拖延会显得自私自利而又胆小。如果是这样，那么实际上图 7.4 的第二列结果，也就是"亚哈随鲁王没有阻止哈曼"的结果，就可以从结果矩阵中删除。也就是说，以斯帖有很好的理由来相信，即使她保持沉默，哈曼的阴谋也不会成功。假设要在第一列中的（4）和（2）的结果中选择一个，很明显，以斯帖将选择她的策略——求情——以得到结果(4)，由此也收获了勇敢行动的好处，救了她的人民和她自己。

但这个计算和之前提到的以斯帖预计到和哈曼面对面摊牌将是什么结果的计算一样，却没有充分考虑到以斯帖的选择的复杂性。我之前已经说过，她不能确定国王是否会给一个听取她意见的机会。毕竟，她最后看到亚哈随鲁王到此时已经是三十日后了。

最终，以斯帖克服了她的焦虑，证实了她机敏的计算和她的人格。事实上，虽然她对形势的估计是正确的，以斯帖执行她的策略时仍然是非常小心：

> 第三日，以斯帖穿上朝服，进王宫的内院，对殿站立。王在殿里坐在宝座上，对着殿门。王见王后以斯帖站在院内，就施恩于她，向她伸出手中的金杖；以斯帖便向前摸杖头。王对她说："王后以斯帖啊，你要什么？你求什么？就是国的一半也必赐给你。"以斯帖说："王若以为美，就请王带着哈曼今日赴我所预备的筵席。"(《以斯帖记》5：1—4)

以斯帖仍然拒绝说出她的愿望，她用的都是间接表达：

> 在酒席筵前，王又问以斯帖说："你要什么，我必赐给你；你求什么？就是国的一半也必为你成就。"以斯帖回答说："我有所要，我有所求。我若在王眼前蒙恩，王若愿意赐我所要的，准我所求的，就请王带着哈曼再赴我所要预备的筵席。明日我必照王所问的说明。"(《以斯帖记》5：6—8)

因此这种悬念建立了，就像以斯帖用酒和美色为羞辱哈曼打下基础。哈曼一开始很高兴，随后便生气起来：

> 那日哈曼心中快乐，欢欢喜喜地出来，但见末底改在朝门不站起来，连身也不动，就满心恼怒末底改。哈曼暂且忍耐回家。(《以斯帖记》5：9—10)

尽管对末底改的粗鲁和傲慢十分愤怒,哈曼还是对他的妻子细利斯吹嘘说,他被邀请到了王后的宴会上。哈曼的妻子和朋友建议,造一个五丈高的绞刑架,准备在赴宴的那一天请求国王将末底改钉在上面。

然后,也许是因为神的干预,一个神奇的巧合发生了。国王睡不着,他命令手下要读史录给他听,结果被告知末底改从来没有被奖赏——末底改曾让国王避开了阴谋,救了国王的性命。

当哈曼第二天进入国王的宫殿,国王问:

"王所喜悦尊荣的人,当如何待他呢?"哈曼心里说:"王所喜悦尊荣的,不是我是谁呢?"(《以斯帖记》6:6)

哈曼然后回答说,这个人应该被穿上王的衣服,头上戴着王冠,骑着王骑过的马穿过城中间的广场,并宣告:

王所喜悦尊荣的人,就如此待他。(《以斯帖记》6:9)

结果国王说的话让哈曼吃惊不已:

你速速将这衣服和马,照你所说的,向坐在朝门的犹大人末底改去行,凡你所说的,一样不可缺。(《以斯帖记》6:10)

哈曼的结局很快就到来了。在第二场宴会中,喝酒的时候,王又重复了他的问题,问以斯帖她的愿望是什么。现在她终于把炸弹扔出来了:

"我若在王眼前蒙恩,王若以为美,我所愿的,是愿王将我的性命赐给我;我所求的,是求王将我的本族赐给我。因我和我的本族被卖了,要剪除杀戮灭绝我们。我们若被卖为奴为婢,我也闭口不言,但王的损失,敌人万不能补足。"

> 亚哈随鲁王问王后以斯帖说："擅敢起意如此行的是谁？这人在哪
> 里呢？"
>
> 以斯帖说："仇人敌人就是这恶人哈曼。"(《以斯帖记》7：3—6)

国王随后愤怒地离开了酒席，留下惊慌失措的哈曼俯身在以斯帖面前求饶。当国王又走回来时，哈曼笨拙地把他本来就搞糟的处境弄得更糟了：

> 王从御园回到酒席之处，见哈曼伏在以斯帖所靠的榻上。王说："他
> 竟敢在宫内，在我面前，凌辱王后吗？"这话一出王口，人就蒙了哈曼的脸。
> 伺候王的一个太监名叫哈波拿，说："哈曼为那救王有功的末改底作了
> 五丈高的木架，现今立在哈曼家里！"王说："把哈曼挂在其上。"于是人将
> 哈曼挂在他为末底改所预备的木架上。王的忿怒这才止息。(《以斯帖
> 记》7：8—10)

对于任何有一点讽刺感的人而言，搬石头砸自己的脚——圣经中的这种正义，别的作品很难超越。但是，就像在圣经中时常发生的，这件事欢喜地扭转了结局，对于犹太人来说却还没完。当"末底改在朝中为大"(《以斯帖记》9：5)时，据圣经说：

> 犹大人用刀击杀一切仇敌，任意杀灭恨他们的人。(《以斯帖记》9：5)

被屠杀的包括哈曼的十个儿子，都被钉在哈曼建起的绞刑架上。

这个故事厚重的情节和强烈的讽刺让人太吃惊、让人难以置信——也因此无法按照"理性的博弈者进行的一个严肃的博弈"来建立模型。举例来说，为什么当初末底改为国王做了好事却没有得到回报，而却在哈曼指名要处死他的那一天国王被提醒才想起来，对此我不能够提供博弈理论的解释。当以斯帖成为他的新王后时，末底改教她在亚哈随鲁王那里隐瞒她的犹太人身份，这我们也同样找不到理

论依据。可以肯定的是,故事的情节依赖于,亚哈随鲁王直到最后才知道以斯帖的困境,但是末底改从一开始就保留秘密的理由看起来是个谜。

在以斯帖的故事中,这些无法解释的巧合和偶然事件,当然可能也是因为神的干预。然而,虽然是同样的故事,在圣经的次经、不怎么流传的希腊版中,上帝被重复提到,而在《旧约·以斯帖记》中却没有提到上帝。

我认为,在《以斯帖记》中,以斯帖决定要接近亚哈随鲁王,可以得到很自然的解释。我使用"接近"这个词而不是图 7.4 的结果矩阵中用的"求情",因为以斯帖精明地等待着时机的到来,希望亚哈随鲁王能够看到她并召唤到他跟前。

似乎对我而言,她的这个动机是精心计算过的,来保证她能出现在国王那里却不会冒犯国王。只有当以斯帖端庄地进去后,她才考虑什么时候"求情"比较合适,以及如何准备。

国王似乎被以斯帖巧妙的接近迷住了(作为对比,我在第 8.4 节中将说明瓦实提作为前任王后厚颜无耻,让亚哈随鲁王对她感到难以忍受)。在接见以斯帖以后,亚哈随鲁王立刻许诺了她半个王国,但是以斯帖温和地推迟了说出愿望。当亚哈随鲁王几次重复他的要求后,以斯帖才说出她要处决的恶棍,使得国王几乎无法拒绝。

这样,以斯帖很熟练地发挥了女人的魅力。她知道国王偏爱一个谦卑的王后,而她最大限度地扮演了这个角色。虽然如此,我觉得关键在于以斯帖狡猾而又冷酷,而国王则欣赏她的这些特点。

在以斯帖用甜言蜜酒搞定亚哈随鲁王之后,很难想象她会求情失败。事实上,我发现这不是不能想象的——以斯帖还为哈曼下了套:在第二次宴会上,她允许甚至是鼓励哈曼伏在她躺靠的榻上求得和解,而此时国王正好回来。

于是,亚哈随鲁王的令人佩服的王后,也是一个熟练计划了她的行动的狡猾的博弈者。不机智的末底改坚持要不断地嘲笑哈曼，以斯帖则不然，她为了替自己和她的犹太人民求情铺平了道路，显示出了技巧。以斯帖能接受她叔叔的基本观念，在求情的问题上能听从他的建议，但与此同时，她也能独立于她的叔叔。

7.5　总结

我在这个章节的开头就说了，关于王室的冲突，也许没有什么特别显著的地方：无论涉及王权还是非王权，人的情感都是相通的。如果之前说的还不够明了的话，我只想在这里补充下，上帝，至少考虑到他的情感，也应该算作是王室或者非王室的成员中的一员。

如果上帝一开始就反对扫罗的话，他对扫罗成为以色列国王的妒火中烧也许更容易被理解。但是事实上扫罗是被上帝一手提拔的，既因为他出身优越也因为他的身体素质令人印象深刻。* 很明显，这些特点使得他对上帝和撒母耳构成了威胁，而撒母耳自己的儿子们却已经被拒绝提升为士师。重要的是，当上帝后来挑选大卫来继承王位的时候，撒母耳下调了对身体素质的要求：

> 不要看他的外貌和他身材高大，我不拣选他。因为耶和华不像人看人，人是看外貌，耶和华是看内心。（《撒母耳记上》16:7）

说来也怪，当上帝命令要毁灭亚玛力时，扫罗违反了命令的字面意思而不是命令的精神，但是此时连扫罗纯洁的内心竟然也没有用了。

上帝觉得他被选民抛弃了，因为他的选民首次提出需要一个国王。此外，他们

---

　　* 圣经有说，扫罗比任何其他以色列人都高出一个头，也更英俊。——译者注

作出这样一个请求只是为了模仿其他的民族,对上帝来说也是大不敬。

以色列人表达了希望有一个国王的愿望,等有了国王以后又开始后悔,这种行为同样也对上帝和撒母耳阴谋针对扫罗是一种鼓励。如果以色列人的渴望没有变化,或者,如果他们不是那么不可靠的话,他们也许会阻止——或者至少是压制——对待新国王的花招。

让扫罗更加悲哀的是他自己对如何取悦人民感到焦虑。他深陷在一个可怕的组合中——人民的抱怨以及上帝和撒母耳的命令,所以他的地位被严重地削弱了。

在和大卫的持续的斗争中,扫罗自己的妒忌也逐渐浮现。虽然大卫努力让扫罗身上的上帝引来的恶魔得到控制,但是大卫的军事胜利进一步地惹怒了扫罗。斗争也激起了扫罗儿子约拿单的反叛,约拿单挣扎在对家庭的忠诚和对大卫坚定的友谊中。对我来说更惊奇的是,在这些糟糕的关系和最终导致的混乱中,大卫只简单地(而非致命地)把剑挥动了一下,就让所有的冲突方和解了。难怪上帝喜欢他,也许上帝认为他是另一个摩西!

在《以斯帖记》中没有摩西,也没有自私和恶意的上帝,而是有了女性的美丽和魅力的化身——并且兼具技巧和胆量。以斯帖精彩地运用了这些品质,和亚哈随鲁王来了一段设计绝妙的双人舞,加上哈曼又来了一段三人舞,最后让哈曼倒抽了一口冷气。由亚哈随鲁王主导的对于他最爱的朝臣的致命一击,其讽刺意味使得情节更加精妙。但是,就像我说的,以斯帖行动的潜在理由既不是很难理解的也不是让人无法采信的。

如果王室的冲突比较特别,那也许是因为它比普通的冲突有更重大的意义。普通的冲突影响到的人更少,这就是为什么我认为这值得区分,即使它也不过是所有人都会有的普通冲突的另一种表现形式。

第8章 性别的冲突

8.1 引言

我在第 4 章里分析的家庭冲突的例子,除了约瑟的兄弟们和他们的父亲雅各之间的代际冲突(第 4.4 节)之外,其余都涉及兄弟姐妹。我举的其他的家庭冲突的例子中,还有关系到兄弟之间的——摩西和亚伦(第 5.6 节),父亲和儿子之间的——扫罗和约拿单(第 7.3 节),还有叔叔和侄女之间的——末底改和以斯帖(第 7.4 节)。

丈夫和妻子之间的家庭冲突在《旧约》中也很常见;在之前的各种博弈中,我早已讨论过这种冲突的表现形式,包括亚当和夏娃(第 1 章)、以斯帖和亚哈随鲁王(第 7 章)。然而,两性之间出现冲突,制度背景并不只是家庭,也可能包含没有结婚的男人或女人,或者是第三者的出现破坏了丈夫和妻子的关系。

性别间斗争的挑起,可能与两性间存在差别这一点联系不太紧密或者是没有联系。事实上,在这一章要分析的三个冲突中,有两个冲突的起因来源于男女关系以外：一个例子是涉及要求提供有偿服务，另一个例子是花钱购买情报。甚至，第三个冲突出现的原因，也可能不光是因为两性之间的感情破裂，因为它也涉及了王权。

　　我在这章要讨论的三个冲突的共同点是，他们都包含男女相互的争执，除此以外，也有男女之间明显的吸引。这种吸引可能是相互的，因为它确实存在于大卫和亚比该之间——在一个三角斗争中，这两个情人联手对付亚比该的丈夫拿八，最后成功地除掉了他。但是爱也可能是单方面的，比如参孙对大利拉、亚哈随鲁王对瓦实提。重要的是，在这后面两个性别战中，引起了冲突的是女人，并取得了成功——至少是暂时地得逞了。

　　但是对男人来说正义也会到来，虽然这可能要更久一些：参孙报复了抓他的人，而亚哈随鲁王，就像我之前说到的（第 7.4 节），在瓦实提被放逐之后找了一个令他更加快乐的新任妻子以斯帖。在这一章的最后一节，我会评估由理性博弈得到的这些结果的意义——在这些博弈中性别关系的变化影响了人物，从而限制了他们的选择。

8.2　三角恋：拿八、亚比该和大卫

　　扫罗和大卫在山洞取得了和解以后，大卫又回到野地里，接触到了一个很有钱的人，大卫和他的人马从来不去干扰替这个有钱人放羊的人：

> 那人名叫拿八，是迦勒族的人，他的妻名叫亚比该，是聪明俊美的妇
>
> 人。拿八为人刚愎凶恶。（《撒母耳记上》25:3）

　　大卫派了十个年轻人去问候拿八。但是大卫也要求得到一些东西作为回报，

因为他们保护——至少不干扰——拿八的牧羊人：

> 愿我的仆人在你眼前蒙恩，因为是在好日子来的。求你随手取点赐
>
> 与仆人和你儿子大卫。(《撒母耳记上》25:8)

当拿八拒绝这个要求时，大卫就召集了四百个人准备战斗。但是首先，大卫的
一个部下去了亚比该那里，谴责了她的"性情凶暴的"(《撒母耳记上》25:17)丈夫，
说他的家庭将会被毁灭。亚比该非常害怕，没有通知拿八就很快地把给大卫的礼
物都备齐了，因为大卫发誓，在天亮之前会杀光"凡属拿八的男丁"(《撒母耳记上》
25:22)。

当亚比该来到大卫这里时，她

> 便急忙下驴，在大卫面前脸伏于地叩拜，俯伏在大卫的脚前，说："我
>
> 主啊，愿这罪归我！求你容婢女向你进言，更求你听婢女的话。我主不要
>
> 理这坏人拿八，他的性情与他的名相称，他名叫拿八，他为人果然愚顽。"
>
> (《撒母耳记上》25:23—25)

亚比该把她的礼物给了大卫，并告诉大卫，因为他被上帝庇护，所以没必要流
血杀戮。大卫感激地回应亚比该"有见识"(《撒母耳记上》25:33)，感谢上帝派她来
见他，他取消了他的袭击计划：

> 耶和华以色列的神是应当称颂的，因为他今日来迎接我。你和你的
>
> 见识也当称赞，因为你今日拦阻我亲手报仇，流人的血。……我听了你的
>
> 话，准了你的情面，你可以平平安安地回家吧！(《撒母耳记上》25:32—35)

亚比该见到丈夫时，告知了她和大卫见面的事实，博弈的下一个阶段开始了：

> 亚比该到拿八那里，见他在家里设摆筵席，如同王的筵席。拿八快乐

大醉。亚比该无论大小事都没有告诉他,就等到次日早晨。到了早晨,拿八醒了酒,他的妻将这些事都告诉他,他就魂不附体,身僵如石头一般。过了十天,耶和华击打拿八,他就死了。(《撒母耳记上》25:36—38)

如果这听起来还不算是神的干预的话,考虑下这个童话故事一般的结局:

大卫打发人去与亚比该说,要娶她为妻。(《撒母耳记上》25:39)

我敢说,不是所有人都会喜欢亚比该接受大卫提亲的方式:

亚比该就起来,俯伏在地,说:"我情愿作婢女;洗我主仆人的脚。"
(《撒母耳记上》25:41)

如果我们能够略去故事中的这些不可思议的元素,我相信,有一个严肃的博弈藏在表面之下。毫无疑问,亚比该在她的婚姻中是一个不快乐的女人,她憎恨拿八。所以在听到说大卫正要为拿八侮辱他而报仇的时候,她想也没有想就把事情揽到自己的手上。未经拿八同意,她就为大卫设立了第一个行动——接受她的请求或者不接受,表示在图 8.1 的博弈树中。

如果大卫接受了亚比该的请求,亚比该可以告诉拿八她去求情了,或者也可以不告诉。当亚比该知道大卫早就要来救她时,她的"性情凶暴的"(《撒母耳记上》25:17)丈夫在她身边仍然是个刺儿。亚比该炫耀她在大卫那里取得的成功,贬低拿八在大卫面前的无能,我认为她就是想诱使她丈夫死亡。

最终,在拿八退出舞台以后,大卫能够选择,是否要向这个俘获他的心的美丽女人提亲。在她守寡以后,这样的行为也没什么不得体的了,对亚比该来说,接受大卫的求婚也没什么不对。

图 8.1 中,我相信大卫和亚比该对于四个不同的结果的偏好都是一样的。他们都最偏好结婚(4);如果大卫没有提亲,他们的前景就不是那么肯定的,所以我把

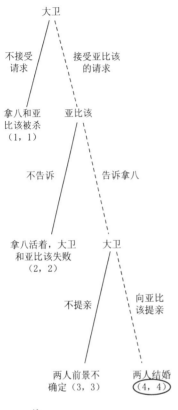

注：
(x, y)=(大卫,亚比该)
4＝最优；3＝次优；2＝较差；1＝
最差
圈出的是理性结果

图 8.1　大卫与亚比该
阴谋的博弈树

它列为（3）。更糟糕的可能是亚比该没有告诉拿八她对他不忠（2）：虽然对拿八来说，可以想见的是，被欺骗是他最糟糕的情况，但是对于大卫和亚比该都不太有利，因为他们还是需要面对拿八。

我认为，如果大卫一开始就拒绝亚比该的请求，那么大卫和亚比该将会得到最差结果，因为大卫将会因进行"流人的血"（《撒母耳记上》25:33）而有罪，这样可能会对他将来当国王不利。可以想见，亚比该将会和拿八一起被杀，因为她丈夫傲慢自大，而大卫也当然不能娶这样一个让拿八着迷的女人。

在图 8.1 中，我们从博弈树底部出发向上看，一切都很清楚，大卫和亚比该的理性结果是"两人结婚"，同时在这个完全一致性博弈中（和在第 2.4 节和第 2.5 节中的完全对抗性或者部分对抗性博弈相比）带来对博弈双方来说都最好的结果（4）。让亚比该幸福——或者也是屈从——的选择应该是，她将首先劝说大卫放弃摧毁拿八和他的家庭，然后由她自己来摧毁拿八。

圣经没有特别提到大卫被亚比该引诱，但是似乎她用了这个计谋。她支配着大卫，他对她的陈述中就说得很清楚：

我指着阻止我加害于你的耶和华，以色列永生的神起誓，你若不速速

地来迎接我,到明日早晨,凡属拿八的男丁必定不留一个。(《撒母耳记上》25:34)

我相信,亚比该最终赢得了大卫,是因为她在他们首次相遇时高明地恳求和谄媚。更具体点说,当亚比该告诉大卫,仇敌的性命,上帝必"抛去,如用机弦甩石一样"(《撒母耳记上》25:29)。对大卫来说去相信那个不知恩的拿八将会被赶走,是符合逻辑的——亚比该早就已经给他贴上了"凶暴的"标签。(这样大卫会预测在这个博弈中未来的行动,这个隐藏的假设是我在图8.1的博弈树中指出的理性选择的基础。)随后就只需要靠亚比该来给她丈夫的骄傲予以痛击了。

虽然亚比该的美貌是赢得大卫的一个因素,她仍然迫切感到要把事情明确下来,所以她聪明地提醒大卫他未来的繁荣昌盛和她自己能否得救也紧紧相依。

　　　　耶和华赐福与我主的时候,求你记念婢女。(《撒母耳记上》25:31)

总之,我相信亚比该极其迷人的美貌和极具说服力的逻辑最终让大卫难以抗拒。

而拿八一死立刻碧空万里,再也没有什么能阻挡大卫和亚比该的路了。我认为,把他们说成是"阴谋者"也没有什么不公平,因为大卫和亚比该除了不正当还有什么呢? 大卫要求拿八支付"保护费"那不就是彬彬有礼的敲诈吗? 尽管拿八脾气坏得出名,他却从来没有违背过对先前的任何约定。

至于亚比该,如果她不是真的要杀拿八,那么她算是退了一步,告诉了拿八一些事情,使他成为了一个傻瓜、一个弱者。被现实击倒的拿八一定是感觉到了大卫和亚比该似乎积极地要阴谋干掉他。我想,拿八在一开始问大卫的手下时,他确实就说了:

　　　　我岂可将饮食和为我剪羊毛人所宰的肉,给我不知道从哪里来的人

　　　　呢?(《撒母耳记上》25:11)

虽然拿八可能是一个酒鬼、一个糟糕的丈夫，在我看来，他没有得到公平的对待，在拒绝被一个恶狠狠的大卫吓倒之后，他沦为了亚比该阴谋策划的牺牲品。

上帝在整个事件中从来没有说什么，但是大卫在欢快地解决了他和拿八的问题后，看到了上帝在干预：

> 大卫听见拿八死了，就说："应当称颂耶和华，因他伸了拿八羞辱我的冤，又阻止仆人行恶，也使拿八的恶归到拿八的头上。"(《撒母耳记上》25:39)

我不能说上帝是否应该得到这种吹捧，但是我会说，故事的真相和三角恋的存在一致，两个(未来的)情人来赶走一个丈夫是符合理性的，和上帝也许该出场的角色并无多大关系。

8.3 参孙的报复

和以扫和雅各的出生一样(第4.3节)，参孙的出生也得到了上帝的关照，上帝的天使说：

> 他必起首拯救以色列人脱离非利士人的手。(《士师记》13:5)

这个神奇的出生带着预期的结果，正好发生在以色列人持续的不满情绪中：

> 以色列人又行耶和华眼中看为恶的事，耶和华将他们交在非利士人手中四十年。(《士师记》13:1)

在参孙长大以后，很快显示出了强烈的肉欲，而且还到处留情：

> 参孙下到亭拿；在那里看见一个女子，是非利士人的女儿。参孙上来

禀告他父母说:"我在亭拿看见一个女子,是非利士人的女儿,愿你们给我娶来为妻。"他父母说:"在你弟兄的女儿中,或在本国的民中,岂没有一个女子,何至你去在未受割礼的非利士人娶妻呢?"(《士师记》14:1—3)

参孙对自己的父亲的态度也是比较暴躁的,而圣经解释说,上帝鬼鬼祟祟地操纵着整个事件:

参孙对他父亲说:"愿你给我娶那女子,因我喜悦她。"他的父母却不知道这事是出于耶和华,因为他找机会攻击非利士人。那时非利士人辖制以色列人。(《士师记》14:3—4)

这个女人真的让参孙高兴,然后他就让她成为了妻子。在一个宴会上,参孙出了一个谜语难住了所有人,参加宴席的人向参孙的妻子寻求帮助:

你诓哄你丈夫,探出谜语的意思告诉我们,免得我们用火烧你和你父家。你们请了我们来,是要夺我们所有吗?"(《士师记》14:15)

参孙的妻子也是心烦意乱,责备她的丈夫不爱她,甚至是恨她。最初参孙拒绝告诉他妻子谜底,但因为她:

在丈夫面前啼哭,到第七天逼着他,他才将谜语的意思告诉他妻(《士师记》14:17)

参孙被整个事情搞得很愤怒,"发怒,就上父家去了"(《士师记》14:19)。讽刺的是,

参孙的妻便归了参孙的陪伴。(《士师记》14:20) *

---

* 参孙的妻子嫁给了参孙的伴郎。——译者注

参孙又不想放弃他的老婆。他岳父告诉他说现在重新考虑已经太晚了，参孙愤怒地宣称：

> 这回我加害于非利士人不算有罪。(《士师记》15:3)

在破坏非利士人的田野和葡萄园以后，参孙又和他们进行了一些激烈的战斗。在野蛮的战斗中，参孙的前妻和岳父也成了受害者，被非利士人烧死了。

从战斗中归来的参孙，作为凶猛的勇士因有不同于常人的力量而名声大噪，这让他在以色列做了二十年的士师。作为肉欲猛男，他和遇到的妓女或其他人调情，名气也很大。

这个关于参孙早期生活的背景，我相信也有助于解释他最后和一个叫大利拉的女人的致命约会中的鲁莽行动。她是一个非利士人，参孙和她坠入了爱河。

参孙对大利拉的爱明显没有得到回报。非但如此，大利拉更热衷于成为诱惑参孙的诱饵而获得合适的酬谢。非利士人的首领给了她一个合适的建议：

> 求你诓哄参孙，探探他因何有这么大的力气，我们用何法能胜他，捆绑克制他，我们就每人给你一千一百舍客勒银子。(《士师记》16:5)

大利拉同意建议以后，她问参孙：

> 求你告诉我，你因何有这么大的力气。当用何法捆绑克制你？(《士师记》16:6)

参孙回答：

> 人若用七条未干的青绳子捆绑我，我就软弱像别人一样。(《士师记》16:7)

大利拉按照参孙教她去做的办法捆绑他，然后对藏在里屋的士兵喊道："参孙

哪,非利士人拿你来了。"(《士师记》16:9)参孙的谎言一下子暴露了:

> 参孙就挣断绳子,如挣断经火的麻线一般。这样,他力气的根由人还
> 是不知道。大利拉对参孙说:"你欺哄我,向我说谎言。现在求你告诉我
> 当用何法捆绑你。"(《士师记》16:9—10)

参孙关于他的力气是哪里来的,两次给了大利拉错误的信息,她对他的欺骗越
来越气恼,恼怒的大利拉大喊:

> "你既不与我同心,怎么说你爱我呢? 你这三次欺哄我,没有告诉我,
> 你因何有这么大的力气。"大利拉天天用话催逼他,甚至他心里烦闷要死。
> 参孙就把心中所藏的都告诉了她。(《士师记》16:15—17)

当然,秘密就是参孙的长发。他把这个告诉大利拉之后,她就在参孙睡着的时
候把他的头发剃了,当他醒来的时候一切都完了:

> 他却不知道耶和华已经离开他了。非利士人将他拿住,剜了他的眼
> 睛,带他下到迦萨,用铜链拘索他,他就在监里推磨。然而他的头发被剃
> 之后,又渐渐长起来了。(《士师记》16:20—22)

这是一个慢性的定时炸弹。当参孙被传唤的时候,故事的高潮不可避免地来
临了,他在一个很大的庆典上成了非利士人嘲笑和愚弄的对象:

> 他们使他站在两柱中间。参孙向拉他手的童子说:"求你让我摸着托
> 房的柱子;我要靠一靠。"当时房内充满男女,非利士人的众首领也都在那
> 里。房的平顶上约有三千男女,观看参孙戏耍。参孙哀告耶和华说:"主
> 耶和华啊,求你眷念我。神啊,求你赐我这一次的力量,使我在非利士人
> 身上报那剜我双眼的仇。"(《士师记》16:25—28)

参孙被剥夺的力量恢复了，他向那些抓住他的人报了自己的仇，报复行动在圣经中也前所未有——终结了自己和非利士人的命运：

> 参孙就抱住托房那两根柱子，左手抱一根，右手抱一根，说："我情愿与非利士人同死！"就尽力屈身，房子倒塌，压住首领和房内的众人。这样，参孙死时所杀的人，比活着所杀的还多。（《士师记》16:29—30）

就像以斯帖和末底改对哈曼的报仇一样（第7.4节），这个角色的逆转有讽刺意味——受害者成为了胜利者。然而我不会说，曾是无畏勇士的参孙，只是为了给自己以后有机会来狠狠报复非利士人，所以计划着自己被摧毁和愚弄。也许这是上帝的设计，而天使在参孙出生的时候就暗示过了。当参孙结婚的时候，就提到过上帝"找机会攻击非利士人"（《士师记》14:4），更加明显地加强了这个观点。

然而，对我来说，这些稍带占卜意味的片段可能有些教诲，但教诲并不是叙述的中心，没有这些从中得来的教诲，故事也照样得以进行。

这些教诲的内容也提出了另一个问题：上帝明显再次多管闲事，和人应该得到的自由意志相矛盾（第2.3节）。同样，据圣经说，上帝把以色列人交到了非利士人的手中后，如果上帝正在进行某个秘密的博弈，那么他为什么还要做那么多来帮助以色列人呢？总而言之，关于上帝的目的和他对事件的控制，圣经的描述所传达出的信号是令人困惑的。

通过比较，我认为，参孙作为一名野蛮好斗的武士和一个贪得无厌的情人，他的行为是一致的也是可信的。也许有的时候，参孙的力量不太能让人相信，像圣经说的，他用驴子的一块下颌骨就杀了一千个人。他的生活中的其他事情，比如他能把狮子撕成碎片，也算是惊人的特殊技能，但是这些不过是圣经常用的夸张手法。毫无疑问，他奇功屡建，不管是不是上帝给的，都给故事增加了戏剧性，但是在我看来这些东西是否能按常理来解释,和一个理性的解释没有关系。

如果说参孙的巨大力量,或者说力量的来源,似乎是超过常人的,那么他对女人的热情就不那么难让人相信了。就像关于他成人生活的故事所显示的,参孙强烈地追求好几个女人,大利拉不是第一个让他栽倒的。妻子纠缠不休好几天以后,他就屈服了,这种模式已经固定。如果有个正对他胃口的女人用甜言蜜语来哄骗他,他会藏不住秘密。参孙能穷凶极恶地和非利士人战斗,他也能被他追求的女人解除武力。

参孙和大利拉进行的这个博弈的结果矩阵,在图 8.2 中显示。参孙的欲望被点燃了,大利拉能够利用这点,要么是在参孙这里唠叨来获悉他的力量的秘密,要么是不唠叨等着秘密自己出来。反对来,参孙,要么是告诉他的力量的秘密,要么是不告诉。考虑下每组策略选择的结果:

		参孙	
		告诉秘密(T)	不告诉秘密(T̄)
大利拉	唠叨参孙(N)	参孙不情愿说,大利拉有说服力 (3,3)	参孙被唠叨,大利拉灰心 (1,1)
	不唠叨参孙(N̄)	参孙直接说,大利拉高兴 (4,2)	参孙不告诉,大利拉不高兴 (2,4)

注:
(x,y)=(大利拉,参孙)
4=最优;3=次优;2=较差;1=最差

图 8.2　参孙骚扰博弈的结果矩阵

参孙不情愿说,大利拉有说服力(3,3):两个博弈者都获得次优结果,虽然大利拉偏好不唠叨(如果参孙愿意说),同时参孙偏好不屈服(如果大利拉不唠叨)。但是大利拉得逞了,参孙也免于进一步的骚扰。

参孙被唠叨,大利拉灰心(1,1):对双方都是最差结果,因为参孙的脑子没有得到安宁,大利拉在她探知参孙的秘密的努力中受挫。

参孙直接说,大利拉高兴(4,2):对参孙来说是较差结果,因为他没有出于很好的理由就说出了他的秘密;对大利拉来说是最优结果,因为她没做坏事就得知了参孙的秘密。

参孙不告诉,大利拉不高兴(2,4);对参孙来说是最优结果,因为他守住了他的秘密,同时也没有受到骚扰;对大利拉是较差结果,因为参孙守住了他的秘密,虽然她也没有因为要获得秘密而受挫折。

我将简单地考虑对大利拉的偏好重新进行一个可行的排序。

注:
(x, y)=(大利拉,参孙)
4=最优;3=次优;2=较差;1=最差
圈出的是理性结果

图 8.3 参孙骚扰博弈的回报矩阵

关于这个"骚扰博弈",在图 8.3 的 2×4 回报矩阵中,假设大利拉有第一步行动,参孙对她的策略选择有所回应。预计到参孙的占优策略是"针锋相对"策略($T/\overline{T}$),大利拉将会选择对参孙唠叨(N),因为对她来说,在参孙选择"针锋相对"策略的时候,(3)优于(2)。这暗示了,参孙将选择告知他的力量的秘密,导致结果(3,3),对双方博弈者来说都是次优的结果,也是实际发生在这个博弈中的结果。

我假设,在这个博弈中,对后来他的眼睛被挖出,和在非利士人面前被嘲笑说是傻瓜等,参孙都没有预计到。另一方面,因为他后来能够造成数以千计的非利士人的毁灭,同时也能结束对他的羞辱,把这个故事的结局说成对参孙是最好的,似乎也不失公允。也许参孙预计到了,向大利拉屈服会产生问题,但是他从来没有预计到,他的选择会导致受伤和折磨,最终导致死亡。

虽然他把秘密交给了奸诈的大利拉,参孙似乎也从来没有赢得她的爱,而爱似乎是他最想要的东西。事实上,在从参孙那里哄骗出真相时,很清楚大利拉坚持的观点是他不信任她也不爱她。对参孙来说,要去扑灭这个观点并证明他的爱,除了去遵守她的要求,还有什么更好的方法吗? 即使这意味着招致灾难。

对于大利拉的偏好,我认为很难去反驳这个假设——她的两个较好的结果都和参孙告诉他的秘密有关。然而我关于她的两个较差结果的偏好顺序不是很肯定。对我来说,似乎和图 8.2 和图 8.3 所示的相反,如果他最终拒绝她,大利拉也许偏好向参孙唠叨,而不是不唠叨。因为虽然她可能会失败,没有获得参孙的秘密,大利拉的感觉也许会不那么糟糕,至少她努力过了,比没作出任何努力要强。

如果是这样的情况,那么在图 8.2 的结果矩阵和图 8.3 中的回报矩阵中,大利拉的(2)和(1)将会互换。然而,这个互换对图 8.3 中的理性结果(3,3)没有影响:参孙的"针锋相对"策略依然是占优策略;然而,大利拉预计到参孙的选择,将会喜欢(3),不喜欢的是(1)——而不是(2)。因此,这个关于大利拉偏好的另一个假设将仍然会产生事实上发生的博弈者的选择,产生理性的结果(3,3)。

对于他爱的女人,参孙无法克服自己的弱点,和他作为武士和以色列士师的力量形成了鲜明的对比。在接下去的两性冲突的最后一个故事中,这种对比虽然不是那么深刻的,但是对一个女人的爱几乎超过了一个男人的政治判断。

8.4　废除王后瓦实提

在处决哈曼(第 7.4 节)之前,亚哈随鲁王还曾面临他个人在自己家庭内部的问题。在他当政的第三年,他宴请首都书珊的男人,由王后瓦实提宴请妇女。

在宴会的第七天,国王"饮酒,心中快乐"(《以斯帖记》1:10),他命令七个太监:

> 请王后瓦实提头戴王后的冠冕到王面前。使各等臣民看她的美貌,因为她容貌甚美。王后瓦实提却不肯遵太监所传的王命而来,所以王甚发怒,心如火烧。(《以斯帖记》1:11—12)

但是为了不要那么轻率,亚哈随鲁王征询了他的智囊们的意见,他们精通法律法规。他问他们:

> 王后瓦实提不遵太监所传的王命,照例应当怎样办理呢?(《以斯帖记》1:15)

其中一个顾问名叫米母干(Memucan),开始了一个精明的计算——几乎不触及亚哈随鲁王个人的情况:

> 王后瓦实提这事不但得罪王,并且有害于王各省的臣民;因为王后这事必传到众妇人的耳中,说亚哈随鲁王吩咐王后瓦实提到王面前,她却不来。她们就藐视自己的丈夫。今日波斯和玛代的众夫人听见王后这事,必向王的大臣照样行,从此必大开藐视和忿怒之端。(《以斯帖记》1:16—18)

米母干先是预测了社会秩序的崩溃,接着又建议说要颁布一个皇家法令:

> 王若以为美,就降旨写在波斯和玛代人的例中,永不更改,不准瓦实提再到王面前,将她王后的位分赐给比她还好的人。所降的旨意传遍通国,所有的妇人,无论丈夫贵贱都必尊敬他。(《以斯帖记》1:19—20)

这条意见让亚哈随鲁王很高兴，所以命令就颁布了。

然而，在国王的愤怒平息后，

> 就想念瓦实提和她所行的，并怎样降旨办她。(《以斯帖记》2:1)

当读者对亚哈随鲁王又记起瓦实提所以会不会召回她这个问题上又有所期待时，圣经说，国王的顾问建议可以开始寻找一个继任王后(当然寻找的结果就是以斯帖获得了王后的位置)。国王对这个建议很满意，瓦实提就再也没有被提起了。

瓦实提由她拒绝国王的命令开始发起的博弈，它的结果矩阵显示在图 8.4 中。瓦实提可以遵守也可以不遵守亚哈随鲁王要她去见面的命令，亚哈随鲁王反过来可以废黜她也可以不废黜她。

		亚哈随鲁王	
		废黜(D)	不废黜($\bar{D}$)
瓦实提	遵守命令(O)	毫无理由地废黜 (1, 1)	王的特权被保留 (2, 4)
	不遵守($\bar{O}$)	违背并被惩罚 (3, 3)	违背但没有被惩罚 (4, 2)

注：
(x, y)=(瓦实提，亚哈随鲁王)
4=最优；3=次优；2=较差；1=最差

图 8.4　瓦实提违令的结果矩阵

我相信，对于图 8.4 中的每个博弈者，我按最优到最差对他们结果排的顺序，都是无可争议的，所以我也不再对所有的排序都有一个详细的证明。相反，相比于只比较博弈者的一些结果，我想努力用更多定性的词语来说明我是怎么看待这个博弈的。

虽然圣经没有这么说，我认为去假设瓦实提并不因为她是王后而感到高兴，这是合理的。一向屈从于一个她可能不太喜欢或者尊重的国王,因此她决定反叛。虽然这举动似乎是脑子里少了根筋,但我认为,如果瓦实提认为亚哈随鲁王真的爱她,他可能废黜她这个王后但是不会杀了她。相应的,瓦实提对抗而得到的最差结果,将是(3);当不再是王后时,她至少可以不用再任凭亚哈随鲁王驱使——我认为她对此表示不屑,因为她不爱他。

另一方面,假设亚哈随鲁王愿意忘记或者掩盖她不服从的事实,瓦实提将会立下一个成功的先例,能使她更好地抵制将来对她自由的侵犯。因为她仍然是王后,而且现在有更大的独立性,所以我认为她成功地对抗亚哈随鲁王将得到她的最优结果(4)。

亚哈随鲁王怎么看待这个博弈呢? 他很关心瓦实提,甚至在被藐视以后,他也没有轻率地开除她,那就是为什么在他的怒气消了以后他又开始咨询他的顾问。当然,亚哈随鲁王最喜欢瓦实提遵守他的命令(4),但是如果她没有,他可能更愿意选择废黜她但不会杀她(3),而不是让她仍然作为一个违抗者以及一个明显不爱他的王后留在那里(2)。

在她的对抗行为被坐实了以后,亚哈随鲁王对瓦实提的矛盾情绪,特别地体现在这一句话里:"就想念瓦实提"(《以斯帖记》2:1)——之前我们已经引用了完整的句子。换句话说,这句话说明亚哈随鲁王不能忘记瓦实提,虽然这时候已经见不到她了。

亚哈随鲁王明显就为废黜了瓦实提感到悲伤。但是我相信,他也被真诚地劝告了,他从米母干那里得到的建议在政治上是正确的,他也愿意坚持他的命令。

一个句子说是在回忆,下一个句子就说要寻找一个新的王后,这个突然的转变强调了亚哈随鲁王的矛盾情感——他对瓦实提的感情和他作为国王的政治责任。但是这次,第二个主题优先于第一个:这是亚哈随鲁王改变他生活方式的时候了,因此寻找继任王后也就开始了。

图 8.5 的回报矩阵肯定不能抓住所有这些细节。但是这个图确实说明了，瓦实提作为博弈者有首次行动，她有一个不服从命令的占优策略，她不需要预见亚哈随鲁王的"逆来顺受"的占优策略。这会导致结果(3，3)，对双方博弈者都是次优的结果，也确实是在这个博弈中真实发生的。

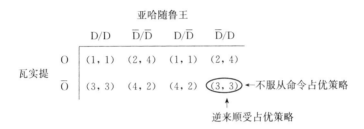

注：
(x，y)＝(瓦实提，亚哈随鲁王)
4＝最优；3＝次优；2＝较差；1＝最差
圈出的是理性结果

图 8.5　瓦实提违令的回报矩阵

(亚哈随鲁王的"逆来顺受"策略也许应该更好地被说成是"针锋相对"策略，因为如果瓦实提遵守，亚哈随鲁王将不会废了她；否则就会废后。事实上，如果要和"废后"对等的话——亚哈随鲁王的不合作策略——按"针锋相对"和"逆来顺受"的通常意思可以把它们进行互换。)

之前已经说过(第 7.4 节)，废黜瓦实提对亚哈随鲁王也不是件很糟糕的事。他得到了一个新王后，不是那么厚脸皮但也同样漂亮，很明显她爱他胜过瓦实提对他的爱。虽然我认为，以斯帖从内心上和瓦实提是一样强硬的，但是她肯定更温柔更小心。这也许是诋毁了妇女——说她们必须以这样的方式在男人的世界中生存，但是这确实是这两个圣经故事想要传达的一个教训。

8.5　总结

两性之间的冲突有很多伪装，但是我认为，无论什么情况下它都由性的吸引来推动——至少是一方对另一方。当然这不是说，当这种吸引不存在的时候两性之间的冲突是不可能的。但是这是一种不同的冲突，是之前所有章节分析的一个重点，除了亚当和夏娃的故事以外。

性方面没有兴趣的双方的冲突和性欲望意味浓重的冲突，到底在哪些方面有所不同呢？在我看来，性欲望产生了一个约束，使之更难来"客观"评估一个人的地位。当然，家庭的约束也可以这么说，但是性吸引也许比血缘关系更强烈。

我相信，这就是为什么亚哈随鲁王发现让瓦实提离开有那么难。在她离开以后，他想念她，但是，为了他的王国，他知道他没有其他的选择，只有去驱逐她——对他来说是可悲的。非常重要的是，亚哈随鲁王没有杀瓦实提，我觉得当她声称她不愿意听从摆布的时候，她一定觉得可能会有这样的结果。

参孙也很难对抗拒大利拉——和他之前的妻子——当她们都利用他对女人的爱（或欲望？）时。又一次，性的限制无法打破，参孙屈服于他的肉欲，为此遭受了很多痛苦。

亚比该和她名声很坏的丈夫拿八就没有这样的问题，因为他们没有两性的吸引。事实上，在大卫出现以后她很快就抛弃了拿八，大卫也明显激起了她更多的欲望（同有害怕）。大卫作出回应后，他们两人之间的关系得以发展，使得亚比该毫不内疚地除掉了拿八，然后和大卫建立了一个更加令人满意的夫妻关系。

在这里研究的冲突暗示了不同的方式：性把双方结合在一起或者分开，取决于性的关系约束了谁。基本上，得不到回报的爱似乎是一种破坏性的力量，至少对于那个得不到爱的人。但是我认为,它造成的破坏在事实上可能对冲突中的多数方相当有利。以拿八为代价,亚比该和大卫都受益;大利拉得到了她的银子;瓦实提得到了她的自由。亚哈随鲁王顺利地从他的个人悲伤中重新振作,甚至参孙也得以报仇。在我分析的故事中,可怜的拿八似乎是性别斗争中唯一真正的受害者。

　　基于这些观察,我会总结说,性的关系可能会让某些关系变得复杂,但它也绝不会使得圣经人物失去理性。就像我们所分析的博弈所显示的,他们仍然出于他们自身的利益寻求行动,但是他们在性给了混杂的情感所施加的新的约束中行动。

第 9 章　理论、证据和发现

9.1　对理论的评价

我将在这一节里对在《旧约》中应用博弈理论和决策理论进行评价,特别强调一个科学理论被用来分析圣经的优势。在第 9.2 节我会更仔细地考察支持理论的经验证据,以及总结这项研究的主要发现。最后,我将对上帝以及他行动的理由有更多的推测和评价。

1. 证据的分量

对我来说,证据是大量的、细节的,最终也是压倒性的:圣经人物在《旧约》中进行着博弈。一个故事接着一个故事,圣经人物都被定位成博弈中的博弈者,为所描述的事件提供了一个自然的解释。

2. 解释的自然性

可以肯定的是,我所认为的"自然",其他人可能在最好的情况下认为是牵强的,最差的情况下认为是编造的。我对这种批评持同情的态度,但是我会提醒提出这些的批评者,我没有假装在一个回报矩阵或者博弈树中去抓住每一个细微之处。去梳理圣经《旧约》的细微脉络、人物的刻画以及风格,那不是我要去实现的目的。我想要做的,是勾勒出故事中主要的策略元素,然后应用博弈理论和决策理论来帮助我分析他们。

3. 对策略的重视

我强调策略,当然是严格依赖我对人物动机的解读。是什么使得人物以特定的方式来行动,我没有理论来神化,但是博弈理论明显就给我一个框架,通过使用像"策略""结果""回报"和"理性"等概念来使他们的言和行一致起来。我相信,之前的章节已经说明,这些概念是圣经人物思考的重要部分,即使是他们自己也没有明确表达这些概念。

4. 阐明策略

策略不会自己跳到圣经人物的头脑中,人物只是用很多语言告诉读者他们准备做什么。虽然圣经人物对他们的偏好通常比较清楚,但是他们选择执行的策略却通常是不那么清晰的。所以圣经的分析者,就得像一个侦探一样,必须把碎片拼起来,依靠文学的、心理的以及其他方法的洞察能力,为圣经中某些章节的含义提供线索,或者是找出和别的章节的联系。我进行了这样的侦探工作,但是我参与的程度不过是到它会帮助我阐明情节和故事里人物的策略计算。虽然我不总是能成功地从每一篇章节中提炼出一个简单的意思——我之前也说过了——但是对我来说,我很惊讶地发现,《旧约》对于策略的主题和策略选择下潜在的计算是多么的直白。读者不必像有些圣经分析者所希望的那样,颠来倒去地去理解所有的原因和理由。有时候，故事里说的更少，但却满足不了那些训练有素而怀有偏见的专家的眼睛——他们急切地强加了某些意思，甚至连证据都很薄弱。

5. 其他的解释

如果说阅读《旧约》就是为了找寻策略的内容有什么问题的话，那么，与其说这些内容是混乱的，不如说关于这些圣经什么都没有说。如果是这样的话，对我来说，似乎我们必须承认其他的可替代的解释以及去评价它们会造成的后果，这也是我在几个例子中所做的。这似乎是一个更好的态度——比起坚持这个正确的解释来——无论它有多复杂，或者多么难以让人信服。

6. 使用理论来辨别

博弈理论在圣经分析中的力量，不仅在于它能提供一个观点，并组织围绕它的信息，也在于它能区分什么是人物动机的更好或更差的可能的解释。就像我之前在一些模棱两可的例子中说明的，不是所有的动机假设都和圣经中所发生的内容一致。如果有这样的情况，那么这个理论也可以帮助我们排除这些解释，因为它们和假设不一致。

7. 解释的范围

构成"解释"的内容和这个理论的基础假设是密不可分的。因此，我们排除的解释，或者我不考虑的解释，可能可以被另一个分析者所接受——他也许认为圣经人物没有进行博弈，他们是非理性的，等等。但是，就好像我在刚才的第一点中说明的，我阅读时获得的证据在数量上占优势，不但说明圣经人物是博弈者，并且他们的行动也是理性的，所以我认为要反驳我的这本书，就必须面对我所提出的证据,而不是凭空断言"圣经故事中的博弈论"的概念是荒唐的。换句话说,如果一个《旧约》的博弈理论的解释能力要被驳斥,那么你也必须有依据——你也同样要一个故事接着一个故事地分析,来说明圣经人物在这些被研究的博弈中没有——或者也不可能做出——理性的选择。

8. 例子的代表性

说这个理论可以很好地解释一些故事,却不能解释其他的故事——我们也可以反对说,这种要求太高了点。当然,这种推理的思路是,因为我挑选了去分析这个理论可以被应用的故事,所以我的样本是没有代表性的。而要合适地检测这篇论文的话,即《旧约》中有一个潜在的博弈理论的理性正在发挥作用,就需要一个不带有偏见的样本。

9. 对本书论点的反驳

我已经准备好来承认,我在选择故事的时候确实是有选择性的,但是偏见的问题是另外一个问题。我寻找经得起策略分析的故事;我发现很多都不合适,或者说这些故事里没有包含个人选择的理性。另一方面,当然也有策略选择非常突出,但是我却在之前的章节里没有分析的故事。然而,这些故事中的大部分故事,对我来说,似乎是重复了我们早已讨论的主题,因此也不会产生重要的新的见解,更不用说来反驳我们的理论。① 所以,我不能证明在我的选择中没有偏见,但是我相信博弈理论的理性充满在这些我们分析过的故事中,而这种理性在其他的策略计算非常明显的圣经故事中也不会少。

10. 这个理论的严密性和有效性

如果博弈理论的涉及范围和组织能力是博大的,那么它应用于《旧约》的故事也是理所当然的,但如果在我们没有智慧地阐明理论的情况下,它是否能开启未知的远景,这仍是一个问题。我认为它能,通过分析来区别可行的和不可行的动机假设——就像我在第6点里说明的——综合地通过词汇和运算来凸显出现在不同故事中的相同主题。这个理论的分析——综合能力说明了它的严密性和有效性(或者是探索性的价值),虽然我承认这个理论不能涵盖所有可能有利于分析的精深微妙之处。另外这个理论需要被补充一点,也就是要懂得什么时候愚笨地应用它是毫无意义的。我不能肯定在之前的章节里是否避免了这种无意义,但是我希望发现这个问题的人——比起我来——能用更深刻的洞察和更精准的对圣经内容的理解来纠正。圣经不是脆弱而贫瘠的文字,对它的分析也不应该是如此。

11. 理论的精炼之处

一个好的理论不仅应该是自我修正的,也应该是相对简单和容易应用的。在我看来,在这里使用的博弈理论和决策理论是有资格的,虽然对于那些有强烈的人文主义倾向的人来说也许不是这样。我只能对那些觉得回报矩阵和博弈树形式平淡无奇的人说,我的分析对博弈理论家来说在数学化方面令人羞愧,所以我想我也无法满足他们。然而我说,这种形式虽然简单,却能很好地在故事里进行归纳,也突出了人物的核心的策略选择。这个理论也提供了一个框架,去前后一致地评估这些选择的合理性。简练的描述和简单的逻辑结构结合在一起,给了这个理论——就像我应用的一样——它的精炼之处。有时候,当我用更多非正式的文学的分析来装饰这个朴素的正式的理论时,我就不再是一个固执地去进行科学分析的严格的理论家。但是博弈理论或决策理论保留了一个共同的核心,我相信可以给分析带来整体的一致性。

9.2　对证据的评价

1. 上帝的性格

对上帝的研究是充满矛盾的:他是小气的、操纵欲的、恶意的,另一方面也是宽宏大量的、开明的、原谅别人的。但是上帝似乎从来不是谦虚的、谦逊的。当他出现时,他总是在前面、在中间。他的虚荣也是无边的。甚至当他在后方让其他人为他代言时,他的存在也是处于支配位置,他魅力不减、阴魂不散。似乎他不能打发他多余的精力,或是成为一个被动的旁观者,所以上帝不断插手人的事务,经常搅乱人们之前和谐的关系(平和世界的单调乏味可能是上帝搅局的一个理由,但是我相信有更多的根本性的策略和心理的原因,我将稍后在本节和第 9.3 节中讨论)。事实上,有些故事里,就像是在《以斯帖记》中描述的,上帝的名字从来没有被提到,但是这些都是例外。另外,在这些故事中,也存在有关受到上帝启发的强烈暗示,例如当以斯帖的顾问给亚哈随鲁王建议时(他们的智慧肯定有根源),或者当亚哈随鲁王睡不着时,他被提醒末底改曾经救过他。

2. 上帝作为一个博弈者

毫无疑问,上帝是一个最高级别的策略主义者。他总是疑心重重、心眼又小,他考验以色列人又徒增烦恼。矛盾的是,他似乎秘密地希望他们不能符合他的要求,然后自己就有机会可以将夸大他自己的能力和以色列人的弱点。如果这正是他希望的,那么这正好被充分实现。但是,虽然以色列人不断地让他失望,上帝从来没有永远放弃他们。相反,他强烈批评他们、惩罚他们,然后又取消了惩罚,当他发现了他们新的罪过时,他的怒火重新点燃了,于是以上过程又开始重复。

3. 评价上帝的报复政策

因为必须经常被重复,所以上帝的报复政策必须被认为只是部分取得了成功。但是上帝有没有更好的方案可以让他采纳呢? 如果上帝因为以色列人在西奈山的偶像崇拜行为而彻底杀了他们,而不是听从摩西的请求,那么他的问题是否能被解决就有疑问了。毕竟,更早些的时候,他让诺亚和一些动物乘在方舟里,他几乎破坏了这个世界(这也是可能最好被建模为一个上帝作为博弈者的单人博弈的故事),那么这对他有什么好处呢? 在他勉强接受这个事实之后——他不会将那些不听话的倔强之人一劳永逸地清除,而是作了次优选择——通过他的责难和不懈的惩罚尽力管教那些恶人,尤其是当恶人也包括了他的选民时。

4. 报复政策的其他好处

这个政策当然有其他好处,那就是消除了上帝在一个更加平淡的世界里或许感受到的无聊。如果人们没有犯罪,上帝也不会有机会来干预人们的事务以及向罪犯展示他的强大能力。因此,一个报复政策对上帝来说是极好的:它能让人部分被控制,使他们变得恭敬起来,但也不能遏制所有的反叛。最让人困扰的也许是这些例子——上帝自己挑起麻烦或者引发叛乱,只是为了能够立刻压制它。有了这些挑衅的行为,公平正义似乎总是不会够的。

5. 上帝是公正的吗

问题就来了,上帝的目标或者作为一个博弈者他采取执行目标的行动,和达到普适的公平正义是一致的吗? 上帝认为罪恶的事情也被社会认为是极大的罪恶行为,在这个范围内,给予罪犯的惩罚似乎和普通人认为的公正也是相称的。但是上帝经常偏袒一方,或者只用一个声音来说话时,人们也并不总是能同意上帝的。

6. 上帝霸道的证据

将我讨论的故事进行比较分析之后,我们将得到一个必然的结论:上帝不是公正的。他喜欢某些人物,鄙视其他一些人。比方说大卫就是他喜欢的人之一;大卫实际上没有什么过错,除了比较喜欢通奸。扫罗作为大卫的前任国王遭到了不公正的对待,想来是因为当上帝遵从人民的意愿指定扫罗为国王时,他感到受了冷落。但是上帝也因为很不明显的理由表达着他的不满,他接受了亚伯的献祭而拒绝了该隐的,激起了该隐不可自制的妒忌,结果导致了兄弟残杀。

7. 人的性格

妒火中烧的该隐、易受诱惑的夏娃、心意已决的亚伯拉罕、冷酷无情的耶弗他、支支吾吾的雅各、小心翼翼的约瑟、犹豫不决后来又很有力量的摩西、执拗顽固的法老、容易受骗的约书亚、阴谋多端的喇合、聪明的所罗门、缺乏安全感的扫罗、渴望报复的撒母耳、厚脸皮的瓦实提、精明的以斯帖、不圆滑的末底改、有魅力的亚比该、肉欲的大卫、好色的参孙、腐败的大利拉——全部的人性在《旧约》中一览无余。《旧约》中最伟大的英雄人物——像亚伯拉罕、摩西和大卫,伟大部分是因为他们得到了上帝的帮助和保护,虽然上帝在对待他们时也不可谓不性急。比如上帝史无前例地给了摩西一个面谈机会,却又不允许摩西进入承诺之地,我觉得他的脾气有点坏。

8. 人和上帝的关系

人物的性格部分决定了他对结果的偏好选择,包括那些上帝可能已经施以影响的结果。不管人物的偏好是否和上帝的偏好巧合一致,他们的关系也由他们之间进行的博弈来定义。因此,我认为神学的中心问题——人和神的关系——将在人和他的创造者进行的博弈中,被给予具体的表达。

9. 关系中的信仰问题

对上帝的信仰意味着特别凑巧地符合某种偏好——人毫无疑问地接受了上帝的观点,并且也想这样做。一个对上帝忠诚的人有一个主要的,或者说是无条件最优的策略——听从上帝的规诫。但是就像我说明的一样,即使是像亚伯拉罕一样的伟大人物,似乎是为了显示他们不受思想束缚的信仰而做了上帝所要求的事,但是他们这样做不会是简单出于盲目信仰。他们可能已经作了一个更加精确的和博弈理论相关的计算:预见到上帝的偏好,他们计算出听从上帝,比起不听从,会给他们带来更多的回报。事实上,当圣经没有明确表达一个人物的信仰时,我们无法区分什么是精确计算的信仰表达,什么是毫不怀疑的盲目信仰,而后者可能更多地也是出于害怕。

10. 人与人的关系

人与人的关系通过只有人类博弈者参与的博弈来定义,虽然上帝经常作为一个远高于别人的形象出现在背景里,他的偏好限定了人作为博弈者的选择。举例来说,当基遍人想要和约书亚和谈时,还记得上帝摧毁过法老的军队;喇合选择和以色列的探子一起阴谋策划时,也记得埃及人的命运。这些博弈者表面上都在和人类对手进行着博弈,但是他们完全懂得上帝不是一个无关的旁观者。

11. 人的关系中的背叛及后果

在《旧约》中的只有人类博弈者参与的博弈中,很难找出一个博弈者没有背叛另一个的:雅各欺骗以扫;约瑟戏弄他的兄长们;法老不断收回他的许诺;喇合对她的国王说谎;基遍人对约书亚撒谎;大利拉掩藏了她的真实意图;所罗门掩盖了他的"解决方案"的重大意义。有趣的是,不管是蒙上帝喜爱还是讨厌的人物——都参与了可以被委婉说成是不那么坦率的行为,比欺骗或欺诈要更委婉些。但没有人是例外——甚至亚伯拉罕年轻的时候也有一段时间的谎言。另一方面,诚实——比如瓦实提的诚实,也不总能得到回报,虽然她没有因她的直率而被处决。很清楚,在圣经中,"好的行为"不一定被赞美,"坏的行为"不一定受谴责。

12. 上帝的变节

要观察起来,上帝的变节最让人困惑。上帝傲慢对待该隐导致该隐杀了亚伯,他对法老几无止境的惩罚——也是上帝自己让法老有卑鄙的行为,他支持扫罗成为国王以后又厌弃他,我认为这些都是说明上帝冷酷无情的非常明显的例子。肯定的是,就像我说明的,上帝的个人恩怨是有理由的,但是按照正常的道德标准,这也不能为他的行为开脱。这恰恰说明他是理性的;而规范地说,这些理性的行为应该被彻底谴责。

9.3　对上帝的总结评价

当然上帝还有另外一面。当以色列人受到压迫或被困时他不断帮助他们,当他们的要求变得无休止或者太离谱时他才拒绝。他因为亚伯拉罕,以撒和雅各的良好表现而奖励他们,他给摩西一个无人能比的奖赏,几乎从他出生以后每一步都帮助他。甚至有一些圣经人物,上帝厌恶他们的行为,像亚当、夏娃、该隐和耶弗他,但他仍然让他们终老一生。

然而上帝阴暗、忧郁的一面也不能被轻易忽视。他无一例外地侵入了人们的生活,破坏友善的关系,因为上代人的罪恶来惩罚下一代,或是先给予他的支持随后又收回。在我看来,这种敌意的行为主要来自他过于关心自己的名望。

　　上帝经常考虑这事儿。他不断地担忧如何提升他的名望。他关心世界怎么看他,比他关心这个世界更多。他被报仇的欲望支配着。

　　这凑巧也是一个明显的博弈理论的观点:通过去预见别人的行动,自己才能更好地形成自己的行动。但是上帝的预测是不完美的,因为人大部分时候都被给予了自由意志。缺少对全局控制的上帝必须灵活,尽量去适应不断改变的环境。

　　上帝的灵活性在《旧约》中经常突然出现。举例来说,上帝经常当场决定是否要帮助还是伤害以色列人。当情况危急迫切时,他也愿意改变他的想法。比如说,在听到摩西代表以色列人的申诉时,上帝改变了因他们的偶像崇拜而要消灭他们的初衷。

　　像摩西一样的英雄不是唯一的有影响的人物。即使是像该隐一样倔强的人,也能够从上帝那里得到许诺来救自己的命,也许就像我早些时候说的那样,因为上帝感到对该隐的可憎罪行负有部分责任。

　　在撤回他要求亚伯拉罕献祭以撒的命令时,上帝也展现了显著的灵活性。当然,如果上帝的意图一开始就是为了考验亚伯拉罕,那么在他的"针锋相对"的理性选择中,他的灵活性也将是策略性的。也就是说,这个策略并不意味着,因为上帝很灵活,所以在最后一分钟改变了决定,而是说他调整了对亚伯拉罕的回应,这种灵活是事先想好了的,可是他不愿意用在耶弗他身上。通常说来,我们没有资格去说,圣经人物——包括上帝——能深谋远虑地计划他们的行动,但是在我看来,上帝很开明地接受别人的劝告,对别人的回应也能及时调整以适应。他不是任性无常的。

　　上帝的适应也许可以被解释为是一种合理的开明态度。我不想质疑这种观点,但是我想说,上帝这样做的理由,是出于他根深蒂固的身不由已和自我意识。

因为他对自己的形象非常敏感，他依赖于这些回馈是合理的，当他的试探显示一意孤行将会使他陷入麻烦时，他也会改变他的想法。举例来说，这也就是为什么在听到以色列人需要国王而抱怨时，他不情愿地把扫罗给了他们。

当有一个像上帝一样灵活的博弈者时，这也就不奇怪为什么我们很难识别出他的行为有什么不变的模式了。也许就像我说的，上帝必须调整以适应不断改变的情况，去支持然后又放弃像亚当、耶弗他和扫罗这样的人，对他来说是理性的。同样，当需要帮助亚伯拉罕、摩西、大卫和参孙这样的人时，理性也会发挥主导作用，虽然不一定能缓解他们的痛苦，或者给予他们认为应得到的全部赔偿。

就像任何一个优秀的能调节自己的选择和回应的博弈者一样，上帝对于自己的判断也是尝试性的，他的支持也是有条件的。人作为博弈者也是如此，比如约瑟面对他的兄长、摩西面对以色列人、探子面对喇合、大卫面对扫罗时。事实上，我之前也说过，喇合和以色列探子谈判的这种公平协议，也是基于博弈者的能力，如果对方不能兑现承诺，他可以通过撕毁协议而迫使对方遵守。

但是上帝不只是一个能够和其他的圣经人物混为一谈的博弈者。他不仅有特殊的能力和雄心壮志，也能始终存在。因为上帝不会死，所以他的行动不仅能立刻产生影响，而且还能影响到后面几代人。他清楚这一点，所以他必须创编一些行动，同时要关注这些行动会向潜在的博弈者传递的形象——也许他们还没有出生——他们的博弈都还很难预见。换句话说，上帝经常玩的不只是一个博弈，但是这些未来博弈的参数是不会自我显明的。就像我之前强调的，上帝既不是无所不知也不是无所不能；他必须仔细考虑他的选择和现在的、将来的博弈者的选择所产生的后果。

我相信，这就解释了为什么上帝会这么关心他自己的形象。他既要在此时此刻成为一个理性的博弈者，更要给未来的对手留下印象——以及我们这些在圣经中读到他的丰功伟绩的人。上帝也在几个场合公开承认了这个动机，比如，一方面他对亚伯拉罕、以撒、雅各仁慈对待，另一方面他对法老严厉处置。好人得以繁荣，坏人则必须死亡。

我认为总的来说，上帝在《旧约》里营造的负面形象超过了正面的。他基本上是不信任别人的，他的愤怒也是显而易见的。当愤怒爆发时——也经常如此——它有时看起来是似乎只是出于较轻的犯罪，甚至可能是上帝自己一手造成的罪行。

我相信上帝变得比较严厉的原因，是因为他在创造世界这个事情上是个新手——至少在圣经里是没有提到他之前的经历——他要快速地建立他的可信度，因为这在当下语境中其重要性还不如在他将要进行或施加影响的未来博弈中。

因此，从一开始，上帝就惩罚所有的对手——亚当、夏娃和蛇——带着强烈的愤怒。随后，上帝引发了亚伯被杀。该隐为了这个罪行所被强迫承担的污名是被设计好了的，不仅是要给该隐一个教训，同时也是作为一个威慑——给所有遇见该隐的路人，或是将来听说该隐被惩罚的人。

除了该隐的例子，我还举了其他的例子——上帝挑起不和，然后利用这个来支撑他强硬的名声。然而我认为上帝可能不是"天生"就爱管闲事的，他的严厉或恶意也不是不合情理的。相反，他是一个持续的担忧者，他认为自己必须巩固和加强他的形象，成为一个精力充沛、纪律严明的人。他认为，这会阻止以后的偏差，也确实是真的让某些人（如喇合和基遍人）变得害怕上帝。这也使他们学会了欺骗，说明即使是上帝最严厉的惩罚也不能保证消除世上的罪恶。

上帝担心自己被认为软弱或是犹豫不决，在我看来，也解释了他的严厉——尤其是在开始部分——和他极端的对自我形象的意识。但是上帝不想被别人看成是无情的、残酷的；像我们所有人一样，上帝希望被爱。因此，当他被冷落的时候他变得很沮丧，当其他的神被崇拜的时候他很嫉妒。在我看来，正是这些非常普通的缺点——你也可以说成是情感问题——假如严格地说,反映了上帝人性的一面。

但是上帝是人吗,如果不是,是人的想象的产物吗？我不能这么说,但我相信,说"上帝是虚构的"这个假设也不是站不住脚的。他明显反映了我们所有的人的冲突和不安全感,所以使得这也不是不可能,即圣经的作者们在展现他们自己的希望和害怕:上帝也就是一个被作者们自己夸大的并赋予了感情的概念。②

虽然这个假设是合理的,但我还是不愿意明确地断言上帝是不真实的,或者说上帝不存在——除非作为一个虚构人物。据我所知也没有无可辩驳的证据——科学的或者是其他的——能证明说上帝不存在,或者不可能存在。我在这本书里把他作为一个真正的博弈者,我就暂时对他的肉体的或者精神的存在以及他的心理根源不作判断。

从某种程度上讲,圣经跟我们玩了个博弈,给我们的头脑灌输了上帝的存在、形式和根源的不确定性。虽然上帝的真实性和我们很多人——包括我自己的——当今的每日生活似乎不一致时,他的清晰的存在却很难被否定。上帝只可能是一个幻想吗？如果没有现实的基础,没有圣经中所说的那些经历(如此的斗富和深刻),单凭人的想象就能创造上帝吗？小说和事实之间的拉据使得圣经始终很有趣;它提出的那些深刻的问题也不可能被解决。如果能解决,那么这些问题也就不再深奥,那些持久的趣味性也就消逝了。

圣经给我们呈现了一个博弈,但是这个博弈没有解决方案。我们死了的时候它就停止了,但这是一个物理事实,而不是一个解决方案。宗教提供了精神上的解决方案,但是在智力上,很多人都不能满足。因此寻求理解,即自然与超自然的和解,还会继续。如果这个魔法钥匙——能达成这种和解的理论——能被找到的话,那么自然和超自然之间的紧张状态就能被缓解,圣经对我们也将失去它的神秘感。

博弈理论不会提供这个魔法钥匙,因此这种神秘感依然令人费解。但是博弈理论却强迫我们去处理圣经人物和他们在具体背景下的两难境地——他们进行的博弈——至少把一部分的超自然因素放在一个自然的语境中。此外，它提供了一个一致、简约和严格的理论来解释上帝和他的主要人物角色们的行为。

为了能用一个更加圆满的画卷来展现圣经中的各种冲突，我又在博弈理论的分析上补充了人物动机的心理分析，尤其是上帝的。坦白说来，我所进行的心理分析都需要在文本上进行进一步的推理，也因此比博弈理论的分析更具有推理性，况且它对博弈理论分析中偏好假设的根源进行了深刻观察，有助于显示为什么这些人物要追求他们已经选择的目标。

考虑到这些目标——高尚的或是卑劣的、物质的或是精神的——我认为有证据能证明圣经人物在追求这些目标时明显是理性的。上帝也是如此，他的目标和别人的一样自私或无私。他们进行的博弈就是圣经故事的内容，但是圣经的魅力不仅在于博弈的策略方面，也在于这些博弈在关于上帝和人的关系方面提供了启迪。

就像我想努力说明的，上帝的性格不是不可理解的，他的博弈行为也不奇怪。他的性格特点和行为使他成为一个超常的至高无上的神，还是只是一个具有传奇色彩的人物——或者是虚构人物——都很难说。即使他的动机更清楚、他的行为能被更好地理解、他的性格更容易被感知，上帝的谜一直存在。

【注 释】

① 举两个例子，大卫和拔示巴和乌利亚的三角关系，在《撒母耳记下》，反映了一些与第8.2节分析的大卫—亚比该—拿八的三角关系中相同的浪漫和策略的纵横交错；在《约伯记》中，虽然约伯的长时间的巨大痛苦，给他的故事增加了很多的辛酸，但是《约伯记》中劝诫的信仰的意思，基

本上和第 3 章中献祭的两个故事中得出的相同。

② 关于古时候的众神——想来后来是上帝——的一个有意思的说法是,他们不是虚构人物,而
"是人的意志……占据了人的神经系统,也许是他的右半脑,从劝告和教训的经验中得出,将这
种经验变为清楚的语言,然后'告诉'人该怎么去做。"参见 Julian Jaynes, *The Origin of Consciousness in the Breakdown of the Bicameral Mind*（Boston：Houghton Mifflin，1976）,
pp.202—203;强调部分为原作者所标。关于早期基督教徒听到的完全不同的规诫——或者发
现听从是政治上是有利的——参见 Elaine Pagels, *The Gnostic Gospels*（New York：Random
House，1979）。

第 10 章　在圣经博弈之外

10.1　引言

在这一章里我会"超越圣经故事",从早先的文本分析出发,我要问两个问题:

1. 与事实相反的:圣经故事里的人物可以采取不同的行动吗——和他们所做的有所不同("与事实相反"),他们这样做能够更好地实现他们的目的吗?[①]

2. 神学的:人和上帝——或者是其他神灵——的关系,如果不用圣经故事那样的暗示,可以用更通俗的说法来理解吗?

我相信,这两个问题的回答是"是",我将用以下方法来证明:

(1) 回顾圣经故事以说明,如果作出一个明显排除了的选择,人物也可能得到他偏好的结果;

(2) 构建一个在圣经中从来没有进行过的博弈,目的似乎就是为了回答许多人现在会问的两个问题:对神的信仰是理性的吗? 如果神存在,它应该显现自己吗?

在回答这些问题的时候,我会引入几个新的博弈理论的概念。比方说,我会说得很清楚：威胁，如果是可信的，将如何影响那些在之前章节中分析的理性结果。我也会说明，能用力量来持续推动的博弈者，当他的对手最终停手时，这种力量将如何会使他受益。

在我提出的与事实相反的和神学的博弈中，我不会像早先时候一样简单地写出博弈者的偏好。相反，这些将从我归属给他们的第一目标和第二目标中得出。如果读者不同意这些归属，我请他或者她来提出不同的目标，重新分析。这样就可以考验我从博弈者目标的假设和排序中得出的结论的稳健性。

我强调，问题的关键在于这种理论方法，和执行它的博弈理论的方法论。如果其他貌似可行的目标会得出关于最优获胜策略和理性结果的不同结论，那么他们也是公平博弈（不是双关的意思）＊。

10.2　亚伯拉罕如果拒绝献祭以撒会如何？

在第 3.2 节中，我已经说明了，不管亚伯拉罕是无论怎样都忠诚，或者是有些动摇，还是严重动摇，他要献祭儿子以撒是理性的。在我为亚伯拉罕假设了不同偏好而上帝的偏好保持不变的情况下，亚伯拉罕的这些不同程度的信仰都被讨论了一遍。

在每一种情况中，博弈理论的分析证明了理性结果（4，4）对于亚伯拉罕和上帝双方都是最优。然而，如果亚伯拉罕有些动摇或者是严重动摇时，他都不会有一个献祭以撒的占优策略。相反，他必须预见上帝的选择，来判断他自己的理性选择

＊　作者原文为 fair game，在这里不带双关的意思，意为"和作者的方法公平竞争"。——译者注

是献上以撒还是不献上。

幸运的是，对于亚伯拉罕，即使是他严重动摇，预见到上帝最好的回应将会是撤销献祭以撒的命令，那么对于他来说，献上以撒仍然是理性的。相比而言，耶弗他面对的是一个更有恶意的上帝，上帝最希望耶弗他能遵守神圣的誓言（第3.3节）。这让耶弗他别无选择——除非他严重动摇但显然他没有——他只能献上他的女儿。

比起耶弗他，使得事情变得对亚伯拉罕更"容易"的，是我假设了亚伯拉罕可能进行的三个博弈都包含了一个(4，4)的结果。说实话，很多评论家，包括克尔凯郭尔（见第3.4节），已经说了，亚伯拉罕的决定是很不容易的——事实上是极难。一个父亲如何能牺牲他最爱的孩子呢？

几个现代评论家都认为，尽管导致了满意的结果，亚伯拉罕的决定却很可恨。一些人相信，亚伯拉罕应该为以撒的生命向上帝恳求，就像他为挽救所多玛（Sodom）和蛾摩拉（Gomorrah）的居民所做的一样。其他人认为亚伯拉罕要献祭以撒的做法在道德上应受谴责。②

然而，在责备亚伯拉罕之前，让我们假设他的偏好和我之前假设的有些不同。特别是，假设亚伯拉罕很在意他的儿子，不管上帝接下去会做什么，他都希望不要献上孩子。在这样的情况下，亚伯拉罕会展示出前述评论家认为的他缺乏的道德品质吗？（圣经只报告了亚伯拉罕的行为，对此问题保持沉默。）

为了把这个问题用两级目标的框架来表示，假设亚伯拉罕考虑不献祭以撒，因为他的第一(i)和第二(ii)目标如下：

亚伯拉罕：(i) 偏好上帝会随后撤销命令。

　　　　　(ii) 偏好不献上以撒。

对于上帝来说，假设他的目标是类似的，但是和亚伯拉罕不同：

上帝：(i) 偏好随后撤销命令。

(ii) 偏好亚伯拉罕献上以撒。

我稍后会用一些细节来说明设定这些目标的理由。

每个博弈者的第一和第二目标放在一起，将博弈者的结果排序从最优到最差完全具体化了。第一目标区分了一个博弈者的两个较优的结果("4"和"3")，和两个较差结果("2"和"1")，而第二目标一方面区分了"4"和"3"，另一方面区分了"2"和"1"。③

因此在图 10.1 中的 2×2 的矩阵中，(i)确立了亚伯拉罕偏好的结果，在第一列里("4"和"3")，和上帝的撤回命令/仁慈(R)的策略联系在一起，第二列的结果("2"和"1")，和上帝的不撤回命令/不仁慈(R̄)联系在一起。在每一列的两个状态中，(ii)确立了亚伯拉罕比起献上以撒(O 的结果是"3"和"1")来，更偏向于不献上以撒(因此，Ō 的结果是"4"和"2")。

	上帝		上帝			
	R	R̄	R/R	R̄/R	R/R̄	R̄/R̄
O	(3, 4)	(1, 2)	(3, 4)ᴳ	(1, 2)	(3, 4)	(1, 2)
Ō	(4, 3)	(2, 1)	(4, 3)	(2, 1)	(2, 1)	(4, 3)

占优

注：
(x, y)＝亚伯拉罕的回报,上帝的回报
4＝最优；3＝次优；2＝较差；1＝最差
划线的是占优策略的纳什均衡结果
G＝上帝能诱导的威胁力量结果

图 10.1 父爱博弈的回报矩阵

同样的，对于上帝来说，(i)意味着比R̄来，他更偏好 R 的结果。然而，不像亚伯拉罕，上帝偏爱亚伯拉罕献上以撒，所以"4"和"2"和 O 联系在一起，"3"和"1"和Ō联系在一起。2×2 矩阵的 2×4 扩展反映了这个事实：亚伯拉罕必须在上帝回应之前

先采取行动——上帝有一个占优策略 R/R,亚伯拉罕能预见的最优行动是Ō。（注意到Ō不是亚伯拉罕的占优策略；他必须预见上帝的 R/R 的选择来做出理性选择Ō）。

既然亚伯拉罕事实上选择了 O,所以图 10.1 所表示的 2×4 的"父爱博弈"不能给亚伯拉罕的行为提供解释。虽然它可能给亚伯拉罕不献上以撒的与事实相反的行动提供了理由,但这如何能和圣经故事的结果达成和解呢？

我的看法是,这个和解在以撒问亚伯拉罕的问题之后,"燔祭的羊羔在哪里呢？"（《创世记》22:7）。亚伯拉罕的回答是"我儿,上帝必自己预备作燔祭的羊羔"（《创世记》22:8）强有力地说明了亚伯拉罕知道以撒不会被献祭。额外的证据还有：亚伯拉罕在把他的仆人们和驴留在身后时说,我们"就回到你们这里来"（《创世记》22:5）。如前在第 3.2 节中所述,亚伯拉罕明显具有先见之明——即使他有些动摇或者严重动摇——使他没有理由来对抗上帝的命令或者为以撒的生命恳求上帝。

但是现在考虑下我在这个"父爱博弈"中为亚伯拉罕假设的目标。因为一个有些动摇和严重动摇的亚伯拉罕是真的——他的行为我在第 3.2 节中已经分析过了,亚伯拉罕在这个"父爱博弈"中的第一目标就变成了"他最珍视以撒的性命"。然而,因为我现在假设的是亚伯拉罕偏好不献上以撒,那么这个问题就变成了：他这么做是否会逃脱惩罚呢？

这个答案将会是"是"。因为在这个"父爱博弈"中,上帝有一个占优策略 R/R,而他在图 3.2 的博弈中没有（上帝在三个 2×4 博弈中的占优策略是 R/R̄）。但是如果亚伯拉罕真的没有选择 O 的话,那么这个"父爱博弈"还能作为所发生过的事情的模型吗？

我认为不能,因为如果亚伯拉罕的确不选择 O 的话,万能的上帝会威胁选择 R̄/R̄,先于亚伯拉罕的选择。观察到 R̄/R̄ 包含了亚伯拉罕的两个最差（"1"和"2"）结果（他们也是上帝的两个最差结果,我稍后会分析）。如果亚伯拉罕相信上帝威胁选择 R̄/R 是真的话,那么亚伯拉罕就会选择 O,因为他的次优结果(3,4)比他的较差结果(2,1)要好。因此,上帝可能在图 10.1 中诱导出(3,4)。

确实,如果亚伯拉罕对抗上帝火祭以撒的命令,对于以撒身上会发生什么,上帝从来没有表示过什么威胁。但是这个威胁在命令的语言里是有暗示的,上帝强调了这个祭品将是"你独生的儿子、你所爱的以撒"(《创世记》22:2)。上帝明知道亚伯拉罕看重以撒超过所有其他人,通过说明这一点,上帝几乎不惧怕亚伯拉罕对抗他——而且还要他承担对抗的后果。亚伯拉罕会害怕最坏结果的发生,于是他选择了前述评论家认为的不怎么光彩的逃避方式。④

但是如果我们设想这个"父爱博弈"能精确解释博弈者们的偏好的话,那么亚伯拉罕也许能够负担得起无视上帝所暗示的威胁的责任,或者至少为以撒的性命求情。亚伯拉罕将从一开始就拒绝献上以撒,从而他将设置了一种情形:上帝必须在他的次优(4,3)和最差结果(2,1)中进行选择。⑤

事实上,亚伯拉罕有首次行动权,使他有地位来能够强迫上帝作出选择,如果上帝理性选择的话,将导致亚伯拉罕的最优结果(4,3)。因此上帝暗示的威胁被作废,使得威胁成了虚张声势而并非真正的威胁,除非上帝希望对那些对抗他的人立下一个可怕的先例——而如果这样的话,上帝自己也会遭受恶名,因为他终结了这个他曾经向亚伯拉罕保证会建立并给予祝福(第 3.2 节)的"大国"(《创世记》12:2)。⑥

那么上帝的威胁是非理性的吗?我在其他地方已经说了,威胁的本质是:如果它被执行的话,威胁者和被威胁者付出的代价都会很高。⑦(如果不是这样,那么就没有必要威胁——立刻采取针对违规者的行动将是理性的。)作出威胁是为了防止将来的犯规;如果没有将来,那么执行威胁将是非理性的。这就是为什么上帝暗示的威胁——杀了以撒,然后也由此终结了他曾向亚伯拉罕保证要建立和繁荣的伟大国家的未来——是有问题的。

上帝在这些情况下选择来考验亚伯拉罕,这个事实提出了下面的问题:如果他认为亚伯拉罕在考验中会失败,他还会这样做吗？也许不会。但是我们还记得上帝给予了人自由意志,想来他知道考验失败以后可能会伤了他的心(第2.3节)。当这些发生时,上帝有时会觉得这是理性的——放下自尊而不去执行他所威胁的全部报复。(比如,针对亚当和夏娃、该隐以及在西奈山偶像崇拜后的以色列人。)

因为在图3.2的博弈中有一个对双方都最优的结果(4,4),博弈者要达成它也不是很困难的事。相比较而言,在"父爱博弈"中没有这样的结果,而是有两个互相竞争的帕累托最优结果——(4,3)有利于亚伯拉罕,(3,4)有利于上帝。如果对于一个结果而言,双方博弈者都不能找到更好的结果了,那么这个结果就是"帕累托最优"(Pareto-optimal),所以(1,2)和(2,1)都不符合。

博弈理论预计的是(4,3),因为这是一个占优策略"纳什均衡"的结果,或者说是一个结果,没有一方博弈者能单方面的脱离,因为他或者她在脱离后可能会表现更糟。如图所示,亚伯拉罕将会从O的(3,4)结果转到Ō的(4,3)结果,从而(3,4)就不是一个纳什均衡的结果。比较而言,从(4,3)出发,上帝从R/R̄转到任何其他的策略也将不能比这个次优结果更好。

而现在,我所谓的"威胁的力量"能够移动这个博弈中的均衡结果。[8]威胁的力量包含了其中一个博弈者能威胁出一个"帕累托劣解"(Pareto-inferior)的能力——对于双方博弈者都要差于某个帕累托最优解——而且,如果有必要的话,他/她会选择相应的策略。

在这个"父爱博弈"中,上帝的威胁将会是选择R/R̄;如果亚伯拉罕选择Ō,则双方博弈者会遭受(2,1)结果,而如果亚伯拉罕选择O,则得到(3,4)。[9]因此,如果上帝有威胁力量,那么这个威胁将会阻止亚伯拉罕选择Ō,因为这个力量使得上帝比起亚伯拉罕来,能更好地忍受这个(帕累托劣解)"让人崩溃的结果"(2,1)。

虽然为了阻止将来的挑战,上帝经常压制顽抗者,但我们看到过他有时会让步。在亚伯拉罕的例子中,如果亚伯拉罕拒绝献上以撒,我相信上帝也会让步,有两个理由:

1. 就像我们之前早就注意的,以撒的牺牲可能会对上帝选民带来终结,而上帝已经答应让他们繁荣和繁衍。对上帝来说这会让他极度失望,他从创世记以来的所有事情都白费了。

2. 这个考验可能会更好地反映亚伯拉罕策略上的聪明,而不是他真正的信仰,如果只是因为亚伯拉罕没有通过考验而要求将以撒献祭,那么上帝可能是愚蠢的。

可以肯定的是,上帝意识到亚伯拉罕的会计算的本性,想来他已经知道他对亚伯拉罕的信仰的考验是有瑕疵的。不过,上帝仍然可能因亚伯拉罕通过考验而得到满足,即使这考验是假。毕竟,它显示了亚伯拉罕是足够机敏地来预见上帝的喜好。而对于上帝来说,献祭以撒的动议被通过,比对抗更好。同时也给别人留下印象,亚伯拉罕不是个懦弱的人,如果必要的话,也能够做常人不敢想的事。[10]

但是现在我假设一个有爱心的亚伯拉罕——与实际发生的事实相反,如果上帝可能撤销命令他也将不会献上以撒。因为,如果以撒被救,他因为相信他父亲准备献祭他而受了创伤,也很难使得父子关系温暖有爱。如果以撒被杀,亚伯拉罕可能会被内疚彻底击垮,因为他如果不这么做的话本可以救下他的儿子。

在我看来,亚伯拉罕拒绝献祭以撒的话也可能免于责罚。一方面,上帝的威胁并不那么显明,所以也可能没有很大的必要给上帝留面子。另一方面,上帝确实愿意听取亚伯拉罕代表所多玛与蛾摩拉的请求,即使最终这些城市里也没有什么正义的居民值得来救。

比起为所多玛与蛾摩拉的罪恶居民的请求来,我相信,上帝对于代表一个无辜孩子的请求可能会更加开明,虽然亚伯拉罕拒绝献上以撒并不是上帝最想要的。

从道德的立场来看，亚伯拉罕的拒绝将会显示出，为了一些对他自己来说至关重要的事，他有勇气站出来——就像摩西一样，当以色列人铸造金牛（第 5.6 节）而惹怒他的时候，仍然站出来为他们的生存说话。但是我也将无奈地总结：亚伯拉罕不是摩西，关于摩西，"以色列中再没有兴起先知像摩西的"（《申命记》34：10）。

这个父爱博弈，和建立在此之上的偏好，暗示了亚伯拉罕的拒绝，既不会对他也不会对上帝，造成毁灭性的灾难。与真实情况——希伯来圣经中的一个人物在最令人揪心的场景中所做的事——相反，我相信与事实相反的想法也能被考虑。如果亚伯拉罕真的是一个有爱心的父亲——一个大写的如果——他可能会（理性地）忽视上帝暗示的威胁，或者至少为以撒的生命求情。这将毫无疑问地提高他作为犹太人族长的盛名。

10.3　显现博弈

人（P）和神（SB）——比如上帝——的关系，用一个 2×2 的博弈来建立模型，对于很多人来说将大大简化一个深刻和深奥的宗教体验。[⑪]然而我的目标不是来描述这种体验，而是要从中抽象，使用一个具体的博弈来分析两个神学的中心问题：P 对 SB 的信仰能被概念化为一个理性的选择吗？假设 SB 存在，它显现自己是理性的吗？（我将使用第三人称"它"，来指代 P 和 SB，尽管这不太恰当。）

这个答案部分依赖于，是否我们认为将 SB 看做为一个能够像 P 一样作出独立选择的博弈者是合适的。或者说将 SB 作为一个实体来代入这些条件，是不是太飘渺或者是太抽象？考虑到神学家马丁·布伯（Martin Buber）关于他理解上帝的方法的观点，在本书一开始就引述了：

把上帝描述成一个"个人",对于每个像我这样的人来说是必不可少的,我们说的"上帝"他不是一个主义……也不是一个理念……其实,我们说的"上帝",就像我也这么说,他就是——不管他是谁——他就是和我们有直接的关系。⑫

在我看来,把"直接的关系"建立为一个博弈,这不是信仰的大跃进,不过,如雷蒙德·科恩(Raymond Cohen)所指出的:在非西方世界中,"人和神之间的个人的、未经调和的关系的概念是难以理解的"。⑬

我用来研究信仰 SB 是否理性的博弈,叫作"显现博弈",假设了 P 和 SB 的具体的第一目标和第二目标。为了能预览随后的分析,我将说明:

● 这个博弈的进行会导致一个帕累托劣解的纳什均衡结果;但是

● P 和 SB 都能够引出非均衡的帕累托最优解,如果一方或另一方博弈者拥有"移动力"。

在这个博弈中,博弈者偏好完全按照我们之前讨论的一些圣经博弈中的博弈者偏好。但是在圣经之外,"显现博弈"中的博弈者的行动可能是长时间的,这一点需要考虑到。

在这个"显现博弈"中,我假设 SB 有两个策略:显现自己(R),建立自己的存在,或者不显现自己($\overline{R}$),也就是不建立自己的存在。同样的,P 也有两个策略:相信 SB 的存在(B),和不相信 SB 的存在($\overline{B}$)。

就像在第 10.2 节中,我用第一(i)和第二(ii)将每个博弈者的目标具体化:

SB:(i) 想要 P 来相信它存在。

(ii) 偏好不要显现自己。

P:(i) 相信(或不相信)SB 存在都要有证据来证实(或证据缺乏)。

(ii) 偏好相信 SB 存在。

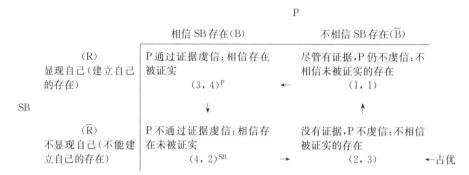

注：
(x, y) = 对 SB 的回报,对 P 的回报
4 = 最优;3 = 次优;2 = 较差;1 = 最差
划线的是纳什均衡结果,箭头表示循环方向
SB = SB 能引导的移动力结果
P = P 能引导的移动力结果

图 10.2 显现博弈的结果与回报矩阵

因此,对于 SB,(i)在图 10.2 矩阵中第一列中建立了它偏好的结果("4"和"3"),和 P 的 B 的策略相关,比第二列的和 P 的 $\overline{B}$ 的策略相关的结果("2"和"1")要好。在每一列的两个结果中,(ii)确立了相比于显现自己("3"和"1"与 R 有关系),SB 偏好不去显现自己(因此,"4"和"2"都与 $\overline{R}$ 有关系)。

同样的,对于 P,(i)说的是,它偏好相信或不相信都要有证据来证实(所以主对角线的结果是"4"和"3"),而不是未被证实(所以副对角线是"2"和"1")。在主对角线和副对角线内的两个选择中,(ii)说的是 P 相比于不相信("3"和"1"与 $\overline{B}$ 有关系),他更偏好相信(所以"4"和"2"与 B 有关系)。

在当代世界,我认为,一个人的观察、经验和沉思得来的证据会累积起来,使人相信或者不相信上帝,抑或是其他超自然物、力量的存在,或许使得这个议题变得开放起来。关于对上帝的信仰是如何形成的还没有被很好地了解。[14]

当然,宗教让人倾向于特定的观点,宗教的作品可能强化了这些观点。我接下去要提供一些关于希伯来圣经的简短评论,可能使我假定的 P 和 SB 的目标更加可信。

上帝要让以色列人和非以色列人承认他至高无上,这样的证据,在圣经中是很多的。此外,圣经的叙述说得很清楚,上帝带着报复心追求这个目标,不仅是在很多场合下严重地惩罚那些没有遵守他命令或者戒律的人,也把回报给予那些忠诚的人,因为他们用善行和牺牲显示了坚定的信仰。

除了上帝通过展示他的能力和神奇的力量提供了他存在的非直接证据以外,上帝不直接现身,有一个压倒一切的理由:它会使对一个人信仰的任何真实考验失效——我认为也就是对上帝的信仰不一定要用直接的证据来证实。只有对摩西,上帝才直接证实了自己的存在——"面对面"(《出埃及记》33:11;《民数记》12:6—8;《申命记》34:10)——但是也有一句话与摩西直接见了上帝的说法矛盾,上帝对摩西说:"你不能看见我的面,因为人见我的面不能存活。"(《出埃及记》33:20)。

如果上帝的存在早就被一些清楚明白的显现经历所肯定,那也就无法对一个人进行真正的考验,因此我认为上帝最渴望从他的子民身上得到的,是他们表示相信——只是出于信仰——也就是,没有直接证据支持的相信。事实上,这不是不公平,就像我在第 9.2 节中说的,把圣经解读为上帝对人的近乎偏执的考验,来区分有信仰的人和那些对投身上帝缺乏热情与持久的人。虽然我没有分析《约伯记》(见第 9 章,注释 1),但约伯的困境值得一提:当他遭受很大的不幸时,他的信仰动摇了;但是他从来没有抛弃上帝,最终得到了丰厚的回报。

通过上帝的言行来证明的 SB 的目标,对于那些认为希伯来圣经往好里说是来源不可靠、往坏里说是纯粹幻想的人,将不会是有说服力的。然而,我在这个"显现博弈"中假设为 P 的人,不会是一个不信者——或者仅仅是一个相信者。相反,我认为 P 是一个严肃对待圣经(或者是其他一神论宗教作品)的人。虽然这些作品可能描述的经验在 P 的视野之外或者超过了世俗的世界,但我假设 P 对于了解一个化身为某些 SB 的"终极实在"是否存在已经下定了决心。

在"显现博弈"中,当 P 考虑 SB 存在的可能性时,事实上将会偏好得到能使它相信的证据,而不是使它不相信的证据(按照他的第二目标),证据是 P 主要关心的(按照它的第一目标)。此外,P 认识到,SB 是否会提供证据将会依赖于 SB 在"显现博弈"中的理性选择。

为了突出"显现博弈"对双方博弈者设置的困境,我们观察到 SB 有一个 R̄ 的占优策略:这个策略对于 SB 来说更好,不管 P 选择的是 B[因为 SB 将偏爱(4,2)而不是(3,4)]还是 B̄[因为 SB 偏爱(2,3)而不是(1,1)]。假设 SB 的占优策略是 R̄,P 在没有占优策略的时候,在"显现博弈"的第二行会选择(2,3),比(4,2)的结果更好,所以 P 将会选择 B̄ 作为一个最好的回应。这些策略会导致选择(2,3),这是这个"显现博弈"的唯一一个纳什均衡的结果,但是它是一个帕累托劣解,劣于(3,4)。

虽然对于双方博弈者来说(3,4)比(2,3)好,但是(3,4)不是一个纳什均衡,因为 SB 有一个动机,一旦处在(3,4)的位置,它就会出发去选择(4,2)。但(4,2)也不是一个均衡,因为 P 会偏好移向(2,3)。

按照移动理论(参见注释6),"显现博弈"是"适度循环"的。这意味着,当博弈者按在图 10.2 的箭头的方向循环时(逆时针),从一个结果转到另外一个结果的博弈者,只有到最优结果"4"时才会停止。举例来说,如果博弈进行到右上角的(1,1),然后

- 从(1,1)开始,P 从最差结果转移到它的最优结果(3,4);
- 从(3,4)开始,SB 从它的次优结果转移到最优的结果(4,2);
- 从(4,2)开始,P 从较差结果,转移到次优结果(2,3);

● 从(2, 3)开始,SB 从较差结果转移到最差结果(1, 1)。

我们可以观察到,所有的移动都会立刻使移动者受益,除了 SB 从(2, 3)移动到(1, 1)以外。这个移动形成了一个阻碍,使得这个"显现博弈"成为"适度循环"(moderately cyclic)。如果没有阻碍,则一个博弈是"强循环的"(strongly cyclic);如果有两个阻碍,则博弈是"弱循环的"(weakly cyclic)。⑮

在将这个移动力的概念应用到"显现博弈"之前,让我先说明清楚 SB 的 R̄ 选择,我早前解释成是"不建立它的存在"(见图 10.2)。从 P 的角度来看,R̄ 发生,可能出于两个有明显差别的原因:(i)SB 事实上不存在,或者(ii)SB 选择不显现自己。P 不能够区分这两个不显现的原因,不仅如此,即使 SB 存在,P 知道 SB 有一个占优策略 R̄,因此想来 SB 也会在"显现博弈"中选择它。

出于这个理由,我没有假设说 P 会认为有一个 SB 不存在的确凿的证据,所以我在"显现博弈"中不会给 P 这个选择。相反,P 能选择不相信 SB 的存在,也能选择不相信 SB 的不存在——虽然后者没有在矩阵中表示,等于是说 P 是不可知论者,也就是说,P 没有作出判断,我解释成是一种保留意见的意见。⑯

从某个程度上来说,一个有思想的不可知论者一生都在进行"显现博弈",从来不确定 SB 的策略选择,或者是 SB 的存在。在选择 B̄ 时,我解释为 P 既不相信 SB 的存在也不相信它不存在——换句话说,P 需要把它的选择空着。

如果 P 成为一个相信者或者是不信者,那么它永远也不会被"显现博弈"中的选择所反映出的自我怀疑撕裂了。这一点不言自明。但是我认为 P 既不是一个公然的有神论者也不是一个公然的无神论者,而是一个有科学倾向的人——无论相信或不相信,都希望得到证实。它的第二目标是偏好前者而非后者,P 的怀疑显然不是恶意的。

另一方面,SB 的渴望就更难来辨别了。当然,希伯来圣经中的上帝迫切寻求——尤其从他的选择的子民以色列人那里——得到绝对的信仰和对信仰的展示。虽然他从来没有以任何有形的形式显现他自己,除了可能在摩西死之前给摩西看到过,上帝一直以其他的方式——尤其是通过惩罚那些他认为的违规者——来显示自己的力量。

一个博弈者有"移动力",如果它能在一个循环博弈中比对手更长久。我用"更长久"这个词,意思是一个(更强的)博弈者能强迫另一个(更弱的)博弈者,在更弱的一方正要进行下一步行动的结果上,停止移动—反向移动的过程。

更准确来说,在一个 2×2 的博弈中,P1 有"移动力",如果它最终能够引起 P2 在循环的过程中停止在 P2 可以有下一步行动的两个结果中的一个。我认为,P2 停止时所处的状态,是 P2 偏爱的。[⑰]

在"显现博弈"中,移动力是"有效的"——每个带着移动力的博弈者能够引起的结果,对它来说,比另一个带着移动力的博弈者引发的结果更好。为了明白这点,假设 SB 拥有移动力。因为循环是逆时针的,SB 就能引发 P 停止在(4,2)或者(1,1),此时下一步正好轮到 P 走。很明显,P 会选择(4,2),这被标明是 SB 能够引发的移动力的结果,在"显现博弈"中用 SB 在右上标显示;它使 SB 得到最优结果"4",P 得到较差结果"2"。

另一方面,如果 P 有移动力,它能够引发 SB 停止在(3,4)或者是(2,3),此时下一步正好轮到 SB 走。明显的,SB 将会偏好(3,4),这被标明是 P 的移动力的结果,所以在"显现博弈"中用 P 在右上标表示;这给了 P 最优结果"4",SB 有次优结果"3"。

注意到有移动力的博弈者能确保自己得到结果"4",要好于没有移动力的博弈者(可能得到"2"或"3")。因此,在"显现博弈"中,对于博弈者来说,自己拥有移动力比对方拥有移动力更好,从而使得这个移动力有效。[⑱]

如果 SB 有移动力,它能够引发"P 没有证据也相信",则同时满足了 SB 的两个目标。对比而言,P 只满足了它的第二个目标——相信,但没有满足它的第一目标——有证据来支持这个相信。

而给 SB 赋予移动力会有一个可行性的问题:SB 从显现转变到不显现之时,也正好是 P 从相信移动到不相信之时,但是一旦 SB 通过显现来建立了自己的存在,这种存在还能被否定吗?

我想说这是可能的,但是只有当我们把这个"显现博弈"看成是一个可以持续很长时间的博弈时。为了说明这一点,我们考虑下《出埃及记》中描述的情况。上帝在"召摩西上山顶"(《出埃及记》19:20)并给了他十诫后,有"雷轰、闪电和密云……并且角声甚大"(《出埃及记》19:16)。这个展示给以色列人提供了一个无可争议的上帝存在的证据,但是对于今天的圣经读者,也许就不是那么令人信服的。

何况,在摩西在西奈山缺席了四十个日日夜夜之后(第 5.6 节),甚至是以色列人自己也变得惶恐不安。他们和摩西的兄弟亚伦共谋背叛,自己建造了一个金牛。上帝早期显示的威力和英勇已经失去了时效,也因此失去了他们的力量。

到了现代,信仰的基础似乎是更加脆弱了。比起阅读圣经来,很多人寻找一个更为直接的神灵显现的经历,有的人找到了。对于那些没有找到的人,上帝仍然是隐藏的或者是没法相信的,除非他们能用其他的方式来理解上帝。

这就是"显现"的问题之所在。如果没有个人亲见神灵显现的经历,或者缺少阅读圣经或参加宗教仪式可能带来的对上帝的信仰的加强,要相信上帝的存在可能就很难不动摇地维持下去。

同时,"显现"也可能是一个程度问题。如果上帝带着声音和愤怒出现,就像他在西奈山做的,他可能也同样会像早晨的雾一样消失,所以对他的记忆也就慢慢消失了。因此怀疑的种子就被种下了。但是如果一个人经历了一些精神上的顿悟,信仰也可能延续。

由 SB 在显现和不显现的移动中所产生的相信和不相信之间的动摇，显示了 P 对 SB 的相信可能有一个不稳定的理性基础。在"显现博弈"中，有时证据自己出现，有时候又没有。在这个博弈中重要的是，SB 执行移动力和它的零星的出现和消失是一致的——同时，P 对显现的回应是相信，对不显现的回应是不再相信。

在圣经中，上帝似乎要保持神秘，就像下面的交谈所提示的：

摩西对上帝说："当到以色列人那里，对他们说：'你们祖宗的上帝打发我到你们这里来'，他们若问我说：'他叫什么名字？'我要对他们说什么呢？"上帝对摩西说："我是自有永有的。"又说："你要对以色列人这样说：'那自有的打发我到你们这里来。'"（《出埃及记》3：13—14）

然而，和这个谜一样的回答一样，就像我在讨论时说明的（第 5.5 节），在法老追击以色列人时，上帝也立刻大声地说出他的行动，显示他的能力。

依照推理，仅靠信仰可能还不足以维持相信，因为这会在 P 这边产生一个明显的纠结感。P 可能在终其一生都会在相信和不相信中间摇摆，因为表面上的证据也在忽隐忽现。举例来说，对于很多信徒来说，尤其是犹太人，难以形容的大屠杀的悲剧破坏了他们对仁慈的上帝的信仰，对于一些人可能再也不能恢复这种信仰。

但是对于其他人来说，信仰也许可以恢复。更多地，很多先前的非信徒也有转变的经历——有时候是神秘片段所引发的——结果是，誓死相信基督或者上帝。对于还有的人，要么是渐渐靠近，要么是渐渐远离对 SB 的宗教和信仰，通常也肯定和年龄有关系。

更加宽泛地说，还有一些宗教复兴或者衰落的时期，可能延续好几代甚至是几个世纪，也许反映了一种集体意识，关于 SB 的存在或缺失，或者两者都有。就像莱泽克·科拉科夫斯基评论的，"这个世界显示了上帝，又同时把他藏了起来"。⑲

说是否有一个 SB 在幕后天才地谋划他的行动,沿着不同的方向,以应对对个人或者社会的行动,这当然是不可能的。但是这不是第一次人们要寻找理性解释的理性时代,虽然它过去的名字不同(比如启蒙运动),这也不是最后一次。也许这会交替于宗教的再度觉醒的时期,就像在十字军时期或者是在有争议的今天所发生的,而且还会回复往返。这种潮起潮落内嵌在这个"显现博弈"的行动的不稳定性中,即使是一个 SB,在拥有了移动力之后,也只能偶尔我行我素,它来执行(4，2)也是暂时的。

对于 SB 来说,要想让这个结果永久成立,主要的困难也许在于,在长时间的不显现之后人们会淡忘。结果,这个支持信仰的基础就会瓦解。不相信设定了需求,需要一些新的显现经历,有时候化身为一个当代弥赛亚 *,随后唤起人们的信仰,再之后又是信仰的坍塌。

如果 P 被设想成是拥有移动力的博弈者,然后它会引起(3，4)结果,而考虑到 SB 必须在它能拥有下一步行动的两个结果中的一个或另一个上停止下来,那么 SB 更偏好(2，3)这个结果。"强迫"SB 来显现,同时在这个基础上让 P 来相信——如果这个想法听着比较荒唐的话,那么回想起上帝的做法——有时会竭力来向新世代展示他令人敬畏的力量——就是有用的。出于同样的原因,上帝为了考验新世代的信仰有时也会离开舞台,通常又会被迫回来,为的是再度培养人们的信仰。

不管是 SB 还是 P 拥有的移动力的效果,似乎在"显现博弈"中最好被解释成是一个长期的过程。记忆会衰退,当下一代人不能理解或重视 SB 的以前的存在时,将引发 SB 从不显现变为显现。甚至当 SB 反过来行动时——从显现变成不显现时,如果 P 实际上换了一个不同的博弈者的话,这种行动看起来也没有什么不符合的

---

　　* 弥赛亚意即救世主。——译者注

地方。因此我早先提出的关于不可行移动的观点，在一个延伸的博弈中就被排除了，因为P的身份发生了变化。

"显现博弈"是一个循环博弈，带有两个帕累托最优解，各自由一方博弈者引发，因此，这个博弈似乎最好被看成是一个动态博弈，任何一方博弈者，如果有移动力，都能引发它的最优结果。但是这通常只是临时"路过"而已，因为另一个博弈者也可以通过改变策略来回应。最终，没有移动力的博弈者会被迫停止。但是如果这个博弈者是P，它在没有证据的情况下而相信了一段时间，随后最终它被另外一个P所取代，面对一个说不清道不明的SB的时候就没有那么虔诚了。

博弈者身份转变太快可能会影响可行性，但是基本上"显现博弈"是一个长时间的博弈。似乎它最大的特点，是它的流动性——而不是它的纳什均衡帕累托最劣解(2，3)的稳定性。移动理论突出了这个博弈无法解决的本质，因为博弈者的移动力导致的两个结果(3，4)和(4，2)都是帕累托最优，在经由这两个解而循环时，博弈者在相信和不相信中摇摆。

10.4 总结

我在一开始就强调说，在"父爱博弈"和"显现博弈"中，我对博弈者目标的理解都不是神圣不可侵犯的。如果读者不同意我假设的目标，他或者她可以提出其他的可替代目标，并使用博弈理论和移动理论来探索自己的思路。

在"父爱博弈"中有一个唯一的纳什均衡，但是和这个结果相关的策略却不是亚伯拉罕在圣经中选择的。为什么一个有爱心的亚伯拉罕也居然可能会脱离他的占优策略而把以撒献祭呢？为了解释这点，我援引了这种可能性——上帝有威胁力且亚伯拉罕面对威胁不愿意提出异议。

诚然，亚伯拉罕可能选择不献祭以撒，并逃脱严重的惩罚，因为上帝执行他所暗示的威胁的代价是很高的。此外，亚伯拉罕难道没有意识到上帝有意让他成为上帝选民的先祖吗？就在要求亚伯拉罕来献祭以撒之前，上帝就已经第六次答应会繁荣他的子孙后代。

如果亚伯拉罕采取行动挽救以撒，在一些人的眼里他会被看成是拥有道德操守的，在另一些人的眼里是缺乏信仰的。但是道德先放在一边，亚伯拉罕在圣经中的事实选择，有一个理性解释（事实上是几个理性解释，如前所述），而他的"与事实相反的"行动也有。简而言之，博弈理论和移动理论帮助我们理解了发生的事情——以及在什么样的情况下可能会发生的不同的事情。

我假设在"显现博弈"中的博弈者可能拥有移动力而不是威胁力，从而这个博弈引出了帕累托最劣的纳什均衡解——SB 不显现自己而 P 也不相信——不管哪一方博弈者拥有移动力。通常，我们会假设 SB 拥有移动力，这样 SB 就能够执行它最偏好的结果，在没有显现的情况下也使 P 相信。

然而这也同样是合理的：当火炬传给不记得他们的祖先因缺乏信仰而遭受惩罚的新世代时，那么这个博弈就会循环到不相信。随后 SB 又被逼着展示自己——可能是通过它对不信者的报复，随后对 SB 的相信又会被恢复。

在相信和不相信、显现和不显现中交替，说明了"显现博弈"内在的不稳定性，尽管它有唯一的纳什均衡。同样，在"父爱博弈"中上帝的威胁力，可能让亚伯拉罕偏离了他拒绝献祭以撒的纳什均衡策略。但是我认为，亚伯拉罕有很好的理由来相信，他因对抗而得到的惩罚将会是微乎其微甚至不存在的，所以他的道德肯定会被质疑。

移动理论阐明了博弈中博弈进行的动态和不同力量的效果，这些是标准的博弈理论无法揭示的。这些博弈让我们超越了希伯来圣经，清楚地阐明了：(i)在一个著名的故事（"父爱博弈"）中，什么是有可能发生的但没有发生；(ii)从不同的故事（"显现博弈"）中抽象出来的关于相信一个神灵的存在的理性基础。总结来说，通过博弈理论和移动理论，按策略的方式解释圣经，让我们对这些旧的故事产生了新的思考——包括已经发生的和没有发生的——以及关于它们对我们当代生活的更重要的意义。

【注　释】

① 与事实相反的分析常常被用到国际政治和军事事件中。比如可以参见 Philip E. Tetlock 和 Aaron Belkin(eds.), *Counter-factual Thought Experiments in World Politics: Logical, Methodological, and Psychological Perspectives* (Princeton, N. J.: Princeton University Press, 1996); 和 Robert Cowley (ed.), *What if? The Worlds' Foremost Military Historians Imagine What Might Have Been* (New York: G. P. Putnam's Sons, 1999). 有两个研究明显地应用了博弈理论，对 Tetlock-Belkin 的研究作出了贡献：Bruce Bueno de Mesquita, "Counterfactuals and International Affairs: Some Insights from Game Theory" (pp. 211—229); Barry R. Weingast, "Off-the-Path Behavior: A Game-Theoretic Approach to Counterfactuals and Its Implications for Political and Historical Analysis"(pp. 230—243).

② 这些观点的精彩的总结，可参见 Alan M. Dershowitz, *The Genesis of Justice: Ten Stories of Biblical Injustice That Led to the Ten Commandments and Modern Law* (New York: Warner Books, 2000), ch.6. 更多的希伯来圣经的传统解释的讨论，参见 James L. Kugel, *The Bible as It Was* (Cambridge, Mass.: Harvard University Press, 1997). 在希伯来语和英语的版本中，关于摩西五经中的文字的古代和现代解释作出很好的平衡，可参见 *The Torah: A Modern Commentary* (New York: Union of American Hebrew Congregations, 1981), 作为补充，还有预示性的作品 *The Haftorah Commentary* (New York: Union of American Hebrew Congregations, 1996); 和 *Etz Chaim: Torah and Commentary* (New York: Rabbinical Assembly and United Synagogue of Conservative Judaism, 2001). 有一个想发展成一个政治理论的尝试值得注意，从圣经开始，但包含了横跨了所有的犹太政治思想，参见 Michael Walzer, Menachem Lorberbaum, and Noam J. Zohar (eds.), *The Jewish Political Tradition* (New Haven, Conn.: Yale University Press); Vol.I, *Authority*, 在 2000 年出版; 另外三卷 *Membership*, *Community*

和 *Politics in History* 将要出版。

③ 这是一个按字面排序式的决策方法的一个例子,按最重要标准对结果排序,然后按第二重要的标准进行,以此类推。参见 Peter C. Fishburn, "Lexicographic Orders, Utilities and Decisions Rules: A Survey," *Managements Science* 20, no.11 (July 1974): 1442—1471。

④ 荣誉的问题,和使用挑战来考验一个人当他或她的荣誉受到挑战时的无畏,被 Barry O'Neill 加以想象力地讨论了,参见 *Honor, Symbols and War* (Ann Arbor, Mich.: University of Michigan Press, 1999), ch.7。

⑤ 设立"诚实即理性"的场景是博弈理论中"执行理论"的论题。在所罗门的故事中,引出真相的机制,被 John Glazer 和 C. Albert Mu 提出,参见 "Efficient Allocation of a 'Prize'—King Solomon's Dilemma," *Games and Economics Behavior* 1, no. 3(1989):222—233,并和其他机制一起讨论,有 Martin J. Osborne and Ariel Rubinstein, *A Course in Game Theory* (Cambridge, Mass.: Mit Press, 1994);以及 Motty Perry and Philip J. Renny, "A General Solution to King Solomon's Dilemma," *Games and Economic Behavior* 26, no. 2 (February 1999): 279—285。

⑥ 在 *God: A Biography* (New York: Vintage, 1995), p. 60 中,杰克·迈尔斯(Jack Miles)将这个考验看作是"虚张声势和诡计"的组合,质疑如果亚伯拉罕能够看穿这个考验想要干什么,上帝能占多少上风。这里值得注意的是上帝不是希伯来圣经中唯一的人物,成为了最近的"传记"的主题。比如,参见 Pamela Norris, *Eve: A Biography* (New York:New York University Press, 1999); Steven L. McKeinzie, *King David: A Biography* (New York: Oxford University Press, 2000);和 Jonathan Kirsch, *King David: The Real Life of the Man Who Ruled Isreal* (New York: Ballantine, 2000)。就这个方面,关于摩西的书,参见 Jonathan Kirsh, *Moses: A Life* (New York: Ballantine, 1998);和 Aaron Wildavsky, *The Nursing Father: Moses as a Political Leader* (University, Ala.: University of Alabama Press, 1984)。这些书提供了考古学、历史学、语言学和其他的资料,既丰富地描绘了他们的特定的人物,也通过时间追踪他们的发展。更通俗的,博弈理论应用到文学,也被讨论和描述,参见 Steven J. Brams, "Game Theory and Literature," *Games and Economic Behavior* 6, no. 1(January 1994):32—54;和 Steven J. Brams, "Game Theory and Emotions," *Rationality and Society* 9, no. 1(February 1997):93—127。

⑦ Steven J. Brams, *Theory of Moves*(Cambridge:Cambridge University Press, 1994);ch.5。

⑧ 威胁的力量被正式定义,可参见 Steven J. Brams 和 Marek P. Hessel, "Threat Power in Sequential Games," *International Studies Quarterly* 28, no. 1(March 1984):23—44;和 *Theory of Moves*, ch.5,并被应用到一些场景中。在"父爱博弈"中,亚伯拉罕有一个"强制"威胁,上帝有一个"阻碍"威胁。但是上帝的"阻碍"威胁是不可信的,因为亚伯拉罕首先选择。顺便说一下,这个博弈,被叫做"山之王(king-of-the-mountain)博弈",参见 Steven J. Brams 和 Christopher B. Jones, "Catch-22 and King-of-the-Mountain Games: Cycling, Frustration, and Power," Rationality and Society 11, no. 2(May 1999):139—167;在实施"移动力"的时候容易发生,我在第 10.3 节中已经描述和说明了。威胁力、移动力和第三种力量(命令力),这些概念都在 Brams, *Theory of Moves* 中有定义和分析。这个理论和它的应用是有争议的;比如可以

参见两位学者的交流：Randall W. Stone, "The Use and Abuse of Game Theory in International Relations：The Theory of Moves" 和 Steven J. Brams, "Response to Randall Stone：Heresy or Scientific Progress?"，都发表在 *Journal of Conflict Resolution* 45, no. 2(April 2001)：216—244 and 245—256。

⑨ 他们同样会遭受，如果上帝的回报"3"和"2"在 2×2 博弈中对换的话，所以(4,3)将会变成 (4,2),(1,2)会变成(1,3)。在相应的 2×4 博弈中，上帝会和在"父爱博弈"中一样，同样有占优策略和威胁的机会；区别在于，对于上帝来说，如果亚伯拉罕献上以撒，上帝救下以撒的性命，和亚伯拉罕献上以撒上帝不救，前者排名在后者之下("2"对应"3")。在"父爱博弈"的这个变形中，上帝如果不那么仁慈的话，亚伯拉罕献上以撒而上帝撤销他的命令，仍然符合他的利益，因为(4,2)要比(2,1)更好。

⑩ 这一点由迈克尔·西格尔(Michael Segal)向我建议。

⑪ 这部分改写于 Steven J. Brams, *Superior Beings：If They Exist，How Would We Know？ Game-Theoretic Implications of Omniscience，Omnipotence，Immortality，and Incomprehensibility* (New York：Springer-Verlag, 1983), pp.15—24, 145, 101—104; and *Theory of Moves*, pp.102—110.

⑫ Martin Buber, *I and Thou*, second ed.(New York：Scribner's, 1958),p.135.

⑬ Raymond Cohen, *Negotiating Across Cultures*(Washington, D.C.：U.S. Institute of Peace, 1991), p.24.

⑭ 对于信仰的形成性分析，参见 James W. Fowler, *Stages of Faith：The Psychology of Human Development and the Quest for Meaning* (San Francisco：Harper and Row, 1981)。他们提供了不同的神学的证据和不同的理性，讨论于 Richard Swinburne, *Faith and Reason* (Oxford：Clarendon, 1981), chs.2 and 3。

⑮ 在 *Theory of Moves* 的第四章中，说明了 2×2 博弈不会有超过两个阻碍。此外，如果一个博弈在一个方向上是循环的，它不能往另一个方向循环。因此在"显现博弈"中，SB 从(4,2)顺时针地移动到(3,3)，P 从(3,4)移动到(1,1)，都是背离最优结果(4)的，所以这个博弈无法顺时针移动。在 57 个明显的 2×2 冲突博弈中——每个博弈中博弈者都将四个结果从最优到最差排序，并且没有得到双方共同达到最优结果(4,4)——其中有 36 个博弈(占 63%)是循环的，顺时针或逆时针。

⑯ 不是每个人都相信人们希望在这个问题上留有空白，至少在上帝这个事情上。在 *What I Don't believe and Other Essays*(edited by Stephen Toulmin and Harry Woolf; Dordrecht, Holland：D. Reidel, 1971, pp. 303—331)一书中，诺伍德·拉塞尔·汉森(Norwood Russell Hanson)说，在上帝存在的问题上，不可知论者的正确立场应该是合理的怀疑。此外，对于汉森来说，证据决定性地倾向于否定上帝的存在。关于相信上帝的理性，我讨论其他思想家的观点(比如，帕斯卡尔(Blaise Pascal)，就提出了一个著名的保证基于上帝可能存在)，见 Steven J. Brams, *Superior Beings*。

⑰ 这个概念的早期版本，由史蒂文·J.布拉姆斯提出，见"Omniscience and Omnipotence：How They May Help—or Hurt—in a Game," *Inquiry* 25, no.2 (June 1982)：217—231，在这本书里这个叫做"无所不能"；随后又被更详细地改进和分析，见 *Superior Beings* ch.4, and *Theory of*

Moves, ch.4。

⑱ 在 36 个 2×2 博弈中,有 16 个博弈,像"显现博弈"和"父爱博弈"一样,移动力是有效的。(我在分析"父爱博弈"时用了威胁力,因为没有证据表明这个博弈中存在循环。不过,在这个博弈中使用移动力的效果和威胁力是一样的,虽然不是在所有博弈中都是如此。)在余下的 20 个博弈中,有 16 个博弈和移动力没有关系——一个博弈者引发的结果好于其他博弈者;4 个博弈中,移动力无效——每个博弈者都喜欢其他博弈者引发的结果。在后者的 4 个博弈中移动力的使用是起到反面效果的,这样的力量将会让博弈者产生矛盾心理,不想行使这种力量。

⑲ Leszek Kolakowski, *Religion*(New York: Oxford University Press, 1982), p.140.

图书在版编目(CIP)数据

"瞒过"上帝:圣经故事中的博弈论/(美)史蒂
文·J.布拉姆斯著;张一帆译.—上海:格致出版社:
上海人民出版社,2018.7
ISBN 978 - 7 - 5432 - 2781 - 1

Ⅰ.①瞒…　Ⅱ.①史…　②张…　Ⅲ.①博弈论-应用
-《圣经》-研究　Ⅳ.①B971

中国版本图书馆 CIP 数据核字(2017)第 190028 号

责任编辑　贺俊逸
封面设计　路　静

"瞒过"上帝:圣经故事中的博弈论

［美］史蒂文·J.布拉姆斯　著
张一帆　译

出　　版　格致出版社
　　　　　上海人民出版社
　　　　　(200001　上海福建中路 193 号)
发　　行　上海人民出版社发行中心
印　　刷　常熟市新骅印刷有限公司
开　　本　720×1000　1/16
印　　张　15.75
插　　页　2
字　　数　198,000
版　　次　2018 年 7 月第 1 版
印　　次　2018 年 7 月第 1 次印刷
ISBN 978 - 7 - 5432 - 2781 - 1/F · 1051
定　　价　65.00 元